LES PRIX

APERÇU DE L'HISTOIRE ÉCONOMIQUE

DE LA VALEUR ET DU REVENU DE LA TERRE

EN FRANCE

DU COMMENCEMENT DU XIII° SIÈCLE
A LA FIN DU XVIII°

Avec un Appendice sur le prix du froment et sur les disettes
depuis l'an 1200 jusqu'à l'an 1891

PAR

M. É. LEVASSEUR

Extrait des *Mémoires de la Société National d'Agriculture de France*
Tome CXXXV, 1893.

PARIS

TYPOGRAPHIE CHAMEROT ET RENOUARD

19, RUE DES SAINTS-PÈRES. 19

—

1893

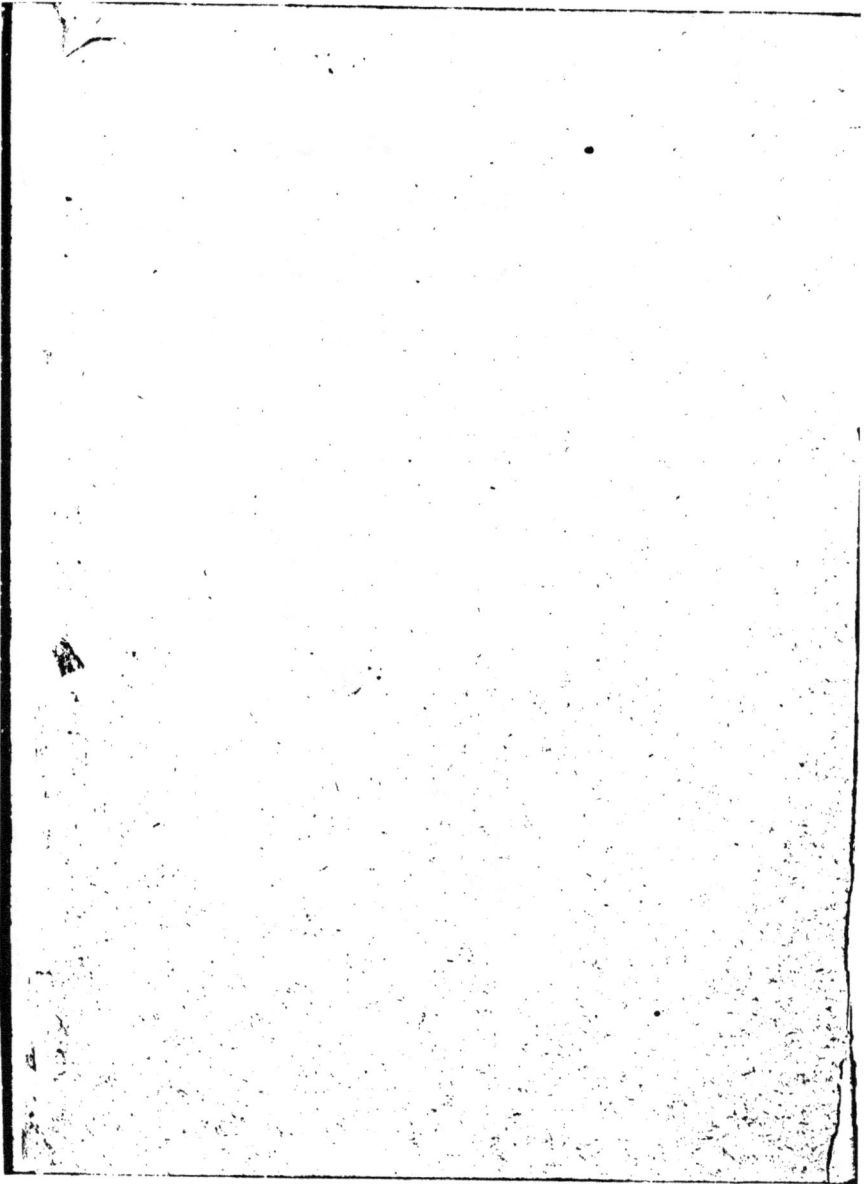

LES PRIX

APERÇU DE L'HISTOIRE ÉCONOMIQUE

DE LA VALEUR ET DU REVENU DE LA TERRE

EN FRANCE

LES PRIX

APERÇU DE L'HISTOIRE ÉCONOMIQUE

DE LA VALEUR ET DU REVENU DE LA TERRE

EN FRANCE

DU COMMENCEMENT DJ XIIIᵉ SIÉCLE
A LA FIN DU XVIIIᵉ

Avec un Appendice sur le prix du froment et sur les disettes
depuis l'an 1200 jusqu'à l'an 1891

PAR

M. É. LEVASSEUR

Extrait des *Mémoires de la Société Nationale d'Agriculture de France*
Tome CXXXV, 1893

PARIS

TYPOGRAPHIE CHAMEROT ET RENOUARD

19, RUE DES SAINTS-PÈRES, 19

—

1893

LES PRIX

APERÇU DE L'HISTOIRE ÉCONOMIQUE

DE LA VALEUR ET DU REVENU DE LA TERRE

EN FRANCE

DU COMMENCEMENT DU XIIIᵉ SIÈCLE
A LA FIN DU XVIIIᵉ

**Avec un appendice sur le prix du froment et sur les disettes
depuis l'an 1200 jusqu'à l'an 1891.**

LES PRIX

I

L'histoire économique de la France est très loin d'être
complète, quoique certaines parties aient été traitées
dans des ouvrages qui font autorité, notamment la condition des classes agricoles dans ceux de MM. Doniol et
Dareste de la Chavanne. Il y a beaucoup d'autres parties
sur lesquelles les historiens n'ont pas composé de grands
travaux d'ensemble et sur lesquelles nous ne possédons
même que des faits peu nombreux ou des notions médiocrement précises. Ce ne sont pourtant pas les matériaux
qui manquent; mais ils sont pour la plupart enfouis
dans les archives : il faut avoir de la patience et de la
sagacité pour les y découvrir et les en exhumer. Cette

histoire, très ample et très diverse, se présente sous des aspects multiples; elle peut fournir pendant longtemps matière à de nombreux et importants travaux. Certes, l'écrivain qui réussirait à mettre en lumière un de ces aspects aurait plus facilement le mérite de l'originalité que ceux qui cherchent à glaner des nouveautés dans le champ de l'histoire politique.

Je ne veux pas paraître médire de l'histoire politique, puisque la politique gouverne le monde. J'ai cultivé cette histoire et j'en connais l'importance. Mais il est juste, surtout dans le siècle où nous sommes, de proclamer aussi l'importance de l'histoire économique qui fouille les profondeurs de la vie intime et qui fait revivre, avec ses besoins, ses travaux, ses jouissances, ses misères, ses intérêts, un peuple entier, depuis les grands qui occupent les sommets jusqu'à la foule qui s'agite obscurément dans les bas-fonds, et il est bon de signaler aux jeunes historiens les découvertes qu'ils pourraient faire dans un champ encore peu exploré.

L'histoire des prix est assurément un des sujets les plus intéressants de ce genre. En Angleterre, Thomas Tooke a publié *A History of prices*, dont le premier volume a paru en 1838 et dont le sixième et dernier, écrit par son continuateur W. Newmarch, date de 1858; plus récemment, Thorold Rogers, professeur à l'université d'Oxford, a publié en six volumes, riches en documents, *A History of agriculture and prices in England*. La France ne possède pas encore d'ouvrage aussi étendu sur cette matière. Les monographies sont cependant en grand nombre. Certains points de la question ont été examinés au xviiie siècle, dans les deux ouvrages de Dupré de Saint-Maur (*Essai sur les monnaies ou ré-*

flexions sur le rapport entre l'argent et les denrées et Recherches sur la valeur des monnaies et le prix des denrées avant et après le Concile de Francfort); elles l'ont été au XIXᵉ siècle, par M. Michel Chevalier (*De la baisse probable de l'or,* 1850), à la suite des découvertes de mines d'or en Californie; et plus tard, au point de vue historique, par M. Biollay (*Les prix en* 1790, volume publié en 1886). Un seul écrivain, M. Leber, dans son *Essai sur l'appréciation de la fortune privée au moyen âge* (deuxième édition, en 1847), qui avait fait l'objet de deux lectures à l'Académie des inscriptions et belles-lettres, avait essayé de mesurer de siècle en siècle, depuis la mort de Saint Louis, le pouvoir d'achat de la monnaie : mais le nombre de documents sur lesquels il avait fondé ses calculs était trop restreint pour donner à ses résultats une autorité définitive. Le problème restait posé, non résolu.

Plusieurs fois, l'Académie des sciences morales et politiques a invité les économistes à aborder par divers côtés ce sujet. Elle l'a fait une première fois par le concours proposé en 1856 et jugé en 1858, à la suite duquel j'ai publié, sous le titre de *La Question de l'or,* le mémoire qui avait obtenu le prix ; une seconde fois, par le concours de 1869-1872, dont le sujet portait sur les variations de prix en France depuis un demi-siècle et dont un des deux lauréats, M. de Foville, a publié son mémoire par fragments dans l'*Économiste français ;* une troisième fois, par le concours de 1884 (prix L. Faucher) sur les variations du prix et du revenu de la terre depuis un siècle, dont M. Daniel Zolla a été le lauréat ; enfin par les concours de 1885 sur la question des salaires et sur la main-d'œuvre et son prix qui ont valu des récompenses à MM. E. Chevallier, Villey, Béchaux et à M. Beauregard.

En 1892, deux concours ouverts par cette académie
ont ramené l'attention sur la question des prix; l'un, proposé une première fois en 1886 et une seconde en 1889
portait sur l'histoire économique de la valeur et du revenu de la terre du xiii° siècle au commencement du xvii° siècle;
l'autre, proposé en 1887, portait sur l'histoire économique de la valeur et du revenu de la terre au xvii° et au
xviii° siècle. Un agronome distingué, M. Daniel Zolla, a
obtenu une récompense dans le second concours pour
son mémoire, composé principalement à l'aide des archives d'établissements religieux ou hospitaliers et ren-
fermant des conclusions très précises. M. le vicomte
d'Avenel, un des historiens qui connaissent le mieux les
questions économiques, a présenté une œuvre considérable qui lui a valu le prix dans les deux concours; elle
se compose de huit volumes in-folio qui contiennent
environ 58 000 prix méthodiquement classés, avec indication de la source d'où chacun d'eux est tiré, et quatre
volumes in-quarto de texte. La publication des travaux
de M. d'Avenel et de M. Zolla aura sans doute lieu pro-
chainement; elle comblera une des lacunes de notre
histoire économique.

En attendant, j'ai pensé qu'il était intéressant de donner à la Société nationale d'agriculture un aperçu des
résultats de cette enquête rétrospective. J'en emprunte
en grande partie le texte au rapport que j'ai présenté
à l'Académie des sciences morales et politiques sur
les deux concours, et je me plais à dire que les faits
sur lesquels cet aperçu est fondé sont empruntés pour la
plupart aux deux mémoires couronnés et au mémoire
récompensé.

II

M. d'Avenel a divisé son étude en quatre parties : l'argent, la terre, le travail, les produits. La division est logique ; la terre, en effet, est l'instrument à l'aide duquel le travail de l'homme produit la richesse agricole qu'ensuite l'homme consomme ; l'argent, c'est-à-dire la monnaie, est la mesure de la valeur échangeable de la terre, du travail et du produit.

L'auteur a suivi, avec un sens droit et pénétrant, à travers six siècles, les variations de ces quatre éléments ; en les comparant, il a signalé les rapports qui existent entre eux et il a constaté que ces rapports dérivent généralement de la nature des choses : ce sont la plupart du temps des lois nécessaires ou du moins des conséquences de l'état économique du pays, ayant une force capable de résister aux efforts par lesquels la politique a maintes fois tenté de les modifier arbitrairement. « Les lois économiques, dit-il, sont plus fortes que les gouvernements ; les lois de maximum des rois absolus n'ont pas fait baisser les salaires au moyen âge et au xvie siècle ; les lois démocratiques ne créeront pas un minimum au xixe ; c'est du progrès naturel de la richesse et de la civilisation qu'il faut attendre l'accroissement de la rémunération du travail, comme la diminution de l'intérêt du capital. » C'est pourquoi il a pris pour devise d'un de ses mémoires : « Lors même que rien ne serait libre dans un État, le prix des choses demeurerait néanmoins et ne se laisserait pas asservir par quiconque » ; et pour devise de l'autre : « Les ignorants qui reprochent à l'économie politique les lois naturelles

qu'elle constate ressemblent à ces enfants qui, s'étant
blessés contre un mur, s'en vengent en le frappant. »

1° L'ARGENT. — Il est évident qu'on ne peut apprécier la
valeur d'un revenu ou d'un salaire sans connaître préa-
lablement celle de la monnaie par laquelle ce revenu ou
ce salaire est exprimé. On sait que cette dernière valeur
dépend de deux conditions : la quantité de métal fin con-
tenue dans l'unité monétaire et la quantité de marchandises qu'un poids de métal fin peut acheter dans un temps
et dans un lieu, comparée à celle que le même poids peut
acheter dans un autre temps ou un autre lieu. La première est la *valeur intrinsèque* de la monnaie, laquelle
peut, dans la plupart des cas, être fixée avec précision ;
la seconde est la valeur relative ou *pouvoir commercial
de l'argent*, lequel n'est pas susceptible d'une détermination précise, mais peut fournir, quand le nombre
des éléments avec lesquels il est calculé est assez grand,
une évaluation approximative très utile pour l'histoire
économique. L'auteur a bien compris cette partie du
problème. L'exposé qu'il en fait dans les quatre chapitres
consacrés au pouvoir de l'argent, à la monnaie, au taux
de l'intérêt et aux valeurs mobilières, au crédit et au
commerce de l'argent, atteste un fonds solide de con-
naissances et un discernement judicieux.

Les rois de France au moyen âge ont souvent altéré
les monnaies. Ils le faisaient de deux manières : soit
qu'ils missent moins de métal fin dans les pièces neuves
qu'ils frappaient tout en leur conservant la même appa-
rence et le même nom, soit qu'ils déclarassent que telle
pièce, admise dans la circulation pour un certain nombre
de sous, serait reçue dorénavant pour un autre nombre.
Voici un exemple théorique de ces deux genres d'alté-

ration : si le roi décidait de tailler vingt livres au marc,
c'est-à-dire de fabriquer avec un marc d'argent fin des
pièces de monnaie valant en tout vingt livres, tandis
qu'auparavant on n'en taillait que dix, il y avait augmentation de moitié de la monnaie, c'est-à-dire abaissement de 50 p. 100 de la valeur intrinsèque des pièces ;
si, une autre fois, le roi décidait que telle pièce qui valait
le dixième d'une livre serait reçue dorénavant dans le
commerce pour le cinquième d'une livre, il y avait encore, sous une autre forme, abaissement de 50 p. 100.

En procédant ainsi, les rois croyaient user de leur
droit. Les financiers clairvoyants, comme Nicole Oresme,
étaient rares alors. Dans le siècle même où il écrivait,
le roi poursuivait le comte de Nevers pour avoir altéré
la monnaie, non parce que le fait était blâmable en lui-
même, mais parce qu'à lui seul, prétendait-il, apparte-
nait le droit « d'abaisser et amenuiser la monnaie ».
C'était pourtant un droit que beaucoup de seigneurs
avaient exercé librement sur leurs terres et auquel ils ne
renoncèrent que peu à peu, à mesure que la royauté devint plus puissante. Au xviie siècle même, des écrivains
faisant autorité sur la matière, proclamaient encore le
principe : « Le prince, dit Lebret (*Souveraineté du roi*).
en 1632, a le droit de hausser et baisser le prix de la
monnaie, quand ses affaires le désireront. »

A l'abaissement légal ne correspondait pas toujours
nécessairement un même abaissement réel dans le commerce. Au temps où les rois recouraient fréquemment à
l'expédient des altérations, il circulait un grand nombre
de monnaies diverses, royales, seigneuriales, étran-
gères. Les changeurs les pesaient ; le public s'habituait
à les prendre pour ce qu'elles valaient et continuait, du

moins pendant un certain temps, à compter par sous et deniers, d'après l'ancienne valeur, comme il en avait l'habitude; on stipulait souvent dans les contrats écrits que la somme serait payée « en monnaie forte ». Il n'est pas vraisemblable en effet, ainsi que le remarque le vicomte d'Avenel, que l'échelle des prix ait varié autant de fois qu'il a plu à l'administration de faire une opération sur la monnaie et dans des proportions aussi considérables que celles qu'on trouve, par exemple, sous le roi Jean; car, d'après les tables de M. de Wailly, la livre tournois, qui contenait au début du règne autant d'argent fin que 11 fr. 50, descendit jusqu'au poids de 0 fr. 58, pour remonter ensuite brusquement à 11 fr. 50.

Néanmoins le commerce souffrait considérablement de ce désordre; les textes du temps en fournissent des preuves irrécusables, sur l'examen desquelles l'auteur du mémoire aurait pu insister davantage. J'espère que cette question sera élucidée par le concours que l'Académie a ouvert sur le prix du marc d'argent et dont l'échéance a lieu à la fin de l'année.

La tendance générale qui est résultée de ces altérations a été une diminution graduelle du poids de la livre tournois. Les pièces de monnaie qui représentaient la livre sous saint Louis (1) contenaient, en nombre rond,

(1) Le denier, qui avait été dans ces siècles antérieurs à celui de saint Louis la monnaie la plus usitée, avait été peu à peu très affaibli, de sorte que la livre de compte qui, sous Charlemagne, représentait vraisemblablement un poids d'argent fin égal à celui de 87 francs (en pièces de 5 francs; car la monnaie divisionnaire a aujourd'hui un poids moindre), ne représentait plus guère que 17 fr. 60 sous Philippe-Auguste. saint Louis réforma la monnaie, de 1228 à 1270; il frappa des « agnels », monnaie d'or dont la valeur intrinsèque correspond à 14 fr. 25 et des gros tournois en argent d'une valeur intrinsèque de 0 fr. 90; il fit frapper aussi des demi-gros tournois et de la monnaie noire, c'est-à-dire des pièces de billon, petits tournois et petits parisis, valant de 7 à 9 centimes. Le gros tournois ayant cours pour 1 sou, la livre tournois (mon-

d'après M. le vicomte d'Avenel, 90 grammes d'argent (moyenne de 1226-1290), autant que quatre pièces de 5 francs actuelles, et avaient par conséquent un poids en métal fin égal à celui de 20 francs actuels. A la fin du xviᵉ siècle, elles ne contenaient que la moitié d'argent fin qui se trouve dans une pièce de 5 francs (exactement autant que 2 fr. 57) (1).

Plusieurs auteurs ont essayé de calculer le pouvoir de l'argent d'après le prix du blé, parce que le blé est une marchandise dont la nature n'a pas changé et qui peut être considérée (avec d'autres céréales), comme le fonds principal de l'alimentation végétale en France. Ce prix ne suffit pas; le blé fournit en effet un indice approximatif de ce pouvoir, à condition toutefois de pas prendre

naie de compte; car il n'y avait pas de pièce d'une livre) équivalait à 89 gr. 87 d'argent à 9/10 de fin; c'est le poids de 18 francs (exactement 17 fr. 9735). On peut donc dire que la livre tournois en argent avait au temps de saint Louis la valeur intrinsèque de 18 francs.

Mais, en monnaie d'or, la valeur comparée n'est pas la même; il fallait un poids d'or égal à celui qui est contenu dans 22 fr. 79 pour faire une livre tournois, parce qu'alors le rapport entre l'or et l'argent était de 1 à 12,22 au lieu d'être, comme dans le système monétaire actuel de la France (pour la pièce de 5 francs seulement), de 1 à 15,5. Voir pour cette question les *Études sur le régime financier de la France* avant 1789 par M. Ad. Vuitry, tome I, p. 443 et suiv. M. de Wailly, dans les tables qui accompagnent son *Mémoire sur les variations de la livre tournois depuis le règne de saint Louis jusqu'à l'établissement de la monnaie décimale*, a indiqué tous les changements des monnaies et calculé en monnaie actuelle la valeur de la livre tournois en monnaie d'argent et en monnaie d'or et, en outre, la valeur moyenne déduite du cours légal de l'argent et de l'or. Cette dernière moyenne a été de 20 fr. 26 de 1258 à 1278. Le vicomte d'Avenel ne pense pas qu'il faille compter d'après cette moyenne, parce que l'usage de la monnaie d'or était très restreint. Aussi les moyennes de la valeur moyenne de la livre qu'il a calculées diffèrent-elles quelque peu de celles de M. de Wailly (voir, à l'Appendice, les tableaux I et III).

(1) Voir en appendice le tableau nᵒ 1 qui présente, par périodes de vingt-cinq années, la valeur intrinsèque de la livre tournois, de 1200 à 1600, et l'exprime en monnaie actuelle, c'est-à-dire en francs et centimes, à raison de 1 fr. pour 4 gr. 50 d'argent fin.

Pour faciliter aux lecteurs la comparaison des prix, le vicomte d'Avenel les a exprimés partout dans ses deux mémoires en monnaie actuelle.

au hasard une année quelconque où le blé peut avoir
été vendu très cher ou très bon marché, et de calculer
sur une période assez étendue pour fondre dans une
moyenne générale les prix exceptionnels des disettes
ou des récoltes surabondantes. Néanmoins le vicomte
d'Avenel a raison de dire que le blé ne fournit qu'un
indice très imparfait. En effet, indépendamment des variations annuelles, les variations du prix moyen du blé
par périodes à travers les siècles sont loin de corres-
pondre à celles de l'ensemble des marchandises. Sans
doute le blé subit, comme tout ce qui se vend et s'achète,
l'influence générale de la valeur de la monnaie ; mais il
subit, en outre, des influences qui lui sont propres,
comme celles qui résultent de la législation commerciale,
des perfectionnements de la culture et du rapport de la
production avec la consommation ; si ces influences
n'existaient pas, il serait incompréhensible qu'on ne le
payât pas plus cher aujourd'hui qu'au xvi° siècle.

Pour trouver le véritable pouvoir de l'argent, il faudrait prendre la totalité des produits qu'une population
consomme et des services qu'elle échange, attribuer à
chacun un coefficient proportionnel au prix de l'unité
multiplié par la quantité d'unités consommées et for-
mer de tous ces coefficients une moyenne qui représen-
terait le pouvoir de l'argent à un moment et dans un
lieu donnés. En opérant de même pour un autre temps
ou pour un autre lieu, on obtiendrait une moyenne du
même genre ; le rapport des deux moyennes serait le
rapport du pouvoir commercial de l'argent dans les deux
cas : car ce pouvoir est une chose toute relative, un
terme de comparaison.

Le procédé que je viens d'indiquer ferait connaître

la quantité moyenne de marchandises quelconques qu'un poids d'argent peut acheter, c'est-à-dire *le pouvoir commercial de l'argent*. Toutefois, il est insuffisant pour donner une idée exacte du bien-être qu'à une époque donnée une personne pouvait se procurer et du rang qu'elle pouvait tenir dans la société avec une certaine somme d'argent; car il ne tient pas compte de la somme des besoins à satisfaire, laquelle se modifie pour chaque temps et pour chaque condition de la vie sociale, suivant les moyens de satisfaction des individus et l'état général de la civilisation économique. Ce dernier côté du problème, que l'on pourrait nommer *le pouvoir social de l'argent*, est encore beaucoup plus complexe et plus difficile à déterminer que les autres; M. d'Avenel ne l'a pas abordé. Je me borne à l'indiquer sans entreprendre de l'examiner ici : la recherche du pouvoir commercial est déjà une entreprise ardue.

Le vicomte d'Avenel s'en est tiré à son honneur. Il a montré, par de nombreux exemples, que le pouvoir commercial de l'argent diminuait, c'est-à-dire que les prix de la plupart des marchandises augmentaient ainsi que ceux des salaires et du loyer des terres, du commencement du xiii° siècle jusque vers la fin du xiv° (1200-1390); puis, que ce pouvoir augmentait, c'est-à-dire que les prix diminuaient, pendant le xv° siècle (1376-1475); ensuite qu'il était à peu près stationnaire à la fin du xv° siècle (1475-1500); enfin qu'une diminution nouvelle, c'est-à-dire une augmentation des prix, se produisait pendant le xvi° siècle. Cette dernière diminution a été très rapide et très considérable, puisque M. d'Avenel assigne à l'argent un pouvoir de 6 en 1500 et de 2 et demi seulement en 1600 : ce qui signifie qu'avec un kilogramme

d'argent fin on achetait 6 fois en 1500 et 2 fois et demi
en 1600 autant de marchandises qu'aujourd'hui.

Les variations de la livre tournois n'ont pas été aussi
fréquentes dans les temps modernes, excepté toutefois
durant le ministère de Law, qu'elles l'avaient été au
moyen âge. Cependant la valeur intrinsèque de cette
livre, qui était de 2 fr. 35 en 1602, s'est abaissée peu à
peu jusqu'à 0 fr. 90 en 1789. Le vicomte d'Avenel éva-
lue le pouvoir commercial de l'argent à 2 et demi dans
le dernier quart du xvi° siècle et il lui assigne le même
taux pendant la première moitié du xvii° siècle, quoiqu'il signale une hausse sensible au commencement
du siècle, ainsi que je l'avais fait dans *La Question de
l'or*. Ce pouvoir tombe, suivant lui, à 2 dans la seconde
moitié, puis se relève à 3, de 1701 à 1750, et retombe à 2,
de 1750 à 1790. Le vicomte d'Avenel pense que le système de Law, qu'il qualifie de « colossale mystification »,
n'a eu, ainsi que les altérations de monnaie du roi Jean,
qu'une très faible influence sur le cours des marchandises, excepté à Paris.

Les capitaux mobiliers sont devenus, depuis le
xvi° siècle, et ont continué dans les siècles suivants à
devenir plus abondants. En conséquence l'intérêt de
l'argent a baissé. Du temps de Savary, le gros commerce trouvait à emprunter à 6 ou 7 p. cent; au
xviii° siècle, le revenu des biens mobiliers est estimé
par l'auteur à 5 p. cent et celui des immeubles à 3 et
demi, taux qui me semble être un peu au-dessous de
la réalité.

Le vicomte d'Avenel remarque avec raison que la
France était fort en retard sous le rapport des institu-
tions de crédit. Pendant que l'Italie avait de grandes

banques de dépôts depuis le moyen âge, Amsterdam depuis 1609, Hambourg depuis 1619, Londres depuis 1694, le commerce parisien, rendu timide par la folle expérience de Law, a dû attendre jusqu'au règne de Louis XVI pour avoir une caisse d'escompte.

Voici l'échelle du pouvoir commercial de l'argent tel que l'établit M. le vicomte d'Avenel (1 représentant le pouvoir actuel) :

1201 — 1225	. .	4 1/2	1551 — 1575	. .	3
1226 — 1300	. .	4	1576 — 1600	. .	2 1/2
1301 — 1350	. .	3 1/2	1601 — 1625	. .	2 1/2
1351 — 1375	. .	3	1626 — 1650	. .	2 1/2
1376 — 1400	. .	4	1651 — 1675	. .	2
1401 — 1425	. .	4 1/2	1676 — 1700	. .	2
1426 — 1450	. .	4 1/2	1701 — 1725	. .	3
1451 — 1500	. .	6	1726 — 1750	. .	3
1501 — 1525	. .	5	1751 — 1775	. .	2
1526 — 1550	. .	4	1776 — 1790	. .	2

De telles moyennes prêtent assurément à la critique. Il ne serait pas difficile de leur opposer des prix qui ne rentreraient pas ou ne sembleraient pas rentrer dans leur cadre; mais pour qu'une objection contre ces moyennes eût quelque poids, il faudrait prouver que les prix qu'on leur opposerait ne seraient pas eux-mêmes exceptionnels. En attendant les critiques et jusqu'à revision, je pense que les moyennes de l'auteur doivent être adoptées de préférence à celles de Leber et à celles que j'ai données moi-même dans *Une méthode pour mesurer la valeur de l'argent* et dans *La Question de l'or.*

2° LA TERRE. — Voulant déterminer le prix et le revenu des terres au moyen âge, le vicomte d'Avenel a cru qu'il était nécessaire de donner d'abord une idée de la condition des personnes sous le régime féodal. Il distingue trois espèces de serfs : le serf attaché à la personne du maître et vivant dans sa domesticité; le serf cultivant la terre du maître et ayant, en général, un petit champ et une maison; le serf exploitant une terre, manse ou borde, appartenant au maître et ne pouvant transmettre sa culture par héritage qu'avec l'autorisation de son maître. Il s'est appliqué à prouver que la mainmorte ne s'est établie que peu à peu, comme une régularisation et un adoucissement du servage, qu'il y a eu, ainsi que l'a prouvé depuis longtemps M. Delisle, des provinces où le servage avait disparu de très bonne heure, mais que, malgré le grand mouvement d'affranchissement du xive et du xve siècle qu'il attribue à des causes économiques beaucoup plus qu'à un sentiment d'humanité, il est resté des serfs jusqu'en 1789 (1). Au sujet de l'esclavage proprement dit, il montre qu'au xvie siècle on faisait encore en Provence un commerce d'esclaves, et il cite une ordonnance du comte de Roussillon défendant en 1341, « à tout homme marié, dans les ordres ou religieux, de tenir une esclave dans sa maison ou dans une maison étrangère pour s'en servir charnellement ».

Il présente un tableau de la campagne féodale, qui paraît fidèle : des bois couvrant de vastes étendues, où presque partout les habitants coupaient librement et où vaguaient les cochons et les moutons; des vaines pâtures, où vivait le bétail des vilains; des prés, plus rares qu'aujourd'hui, qui, après la première coupe étaient livrés au

(1) L'auteur cite l'édit de 1779 qui déclare le servage supprimé dans tout le royaume et il ajoute qu'en 1787, les serfs de 23 communautés de l'abbaye de Luxeuil réclamaient contre l'affranchissement que l'abbaye prétendait leur imposer moyennant une somme modique.

libre parcours, comme l'étaient les terres labourées après la levée de la moisson et le glanage. Les communaux occupaient une grande partie du sol dans la plupart des paroisses; quoique dépendant de la justice du seigneur, ils étaient considérés en général comme appartenant aux manants qui en avaient la jouissance. « L'histoire, dit-il, nous apprend que la propriété foncière, sous sa forme actuelle, loin d'être, comme certains esprits sont portés à le croire, un vestige du passé qu'on a omis de faire disparaître, est au contraire une conquête du présent qu'on vient de consolider. »

Au xiii° siècle, la population augmente; les seigneurs créent des villes neuves et des villes franches; de toutes parts on les voit bailler à cens des terres auparavant vagues et incultes; la superficie des labours s'étend considérablement aux dépens des bois et des landes. M. d'Avenel pense qu'il y a eu une diminution du prix du blé dans la première moitié du xiii° siècle et il croit voir dans ce fait la preuve que les défrichements dépassaient alors l'accroissement de la population, tandis qu'il lui semble que l'effet contraire, c'est-à-dire un accroissement de la population plus rapide que celui des subsistances, s'est produit dans la seconde moitié du siècle. La courbe du prix du froment (1) que j'ai dressée, d'après les chiffres de l'auteur, ne semble pas confirmer cette hypothèse : on voit que la moyenne du prix du blé par quart de siècle ne cesse de monter de 1201 à 1325. D'ailleurs, les différences entre les moyennes que M. d'Avenel a calculées de 1225 à 1325 me paraissent trop peu considérables, vu le petit nombre d'éléments à l'aide desquels

_____

(1) Voir cette courbe à la fin du mémoire.

elles ont été établies, pour autoriser une conclusion économique sur les causes probables de la différence. De 1225 à 1250, le mémoire de M. d'Avenel ne renferme que cinq textes relatifs au revenu de l'hectare de terre de labour, et le plus faible est de 1 fr. 51 tandis que le plus fort est de 58 fr. 50 (1). Il est vrai qu'il mentionne trente-six prix d'achat; mais ces prix sont aussi trop disparates pour que la moyenne qui en est tirée inspire confiance : ils varient de 19 francs l'hectare pour une terre inculte dans l'Aisne à 1 873 francs l'hectare pour un champ situé près de Brie-Comte-Robert. Quoi qu'il en soit, le prix moyen de l'hectare de terre labourable, qui s'était maintenu pendant un siècle (1225-1325) entre 206 et 261 francs, diminue dans la période 1326-1475 : on le voit tomber de degré en degré jusqu'à 48 francs. L'auteur cherche à mesurer chaque degré et à donner la raison économique du changement. La matière ne comporte peut-être pas toujours le degré de précision que l'auteur lui suppose; mais il y a des trouvailles ingénieuses dans ses inductions.

De 1301-1325 à 1326-1350, la valeur de l'hectare de terre de labour est descendue de 222 francs à 108 francs et le revenu de 22 francs à 10 fr. 80; en même temps le prix du blé (de 8 fr. 66 à 6 fr. 76) et celui du seigle (de 6 à 5 francs) ont faibli aussi, quoique les salaires aient continué à hausser. M. d'Avenel, appuyé cette fois sur un grand nombre de textes accusant la même tendance, n'hésite pas à déclarer — c'est une nouveauté pour l'histoire économique, — que l'extension des défrichements

_____

(1) Il est bon de rappeler que tous les prix, de quelque époque qu'ils soient, sont exprimés en monnaie actuelle, à raison de 1 franc par 4 gr. 50 d'argent fin contenus dans la monnaie du temps.

a dépassé dans cette période le progrès de la population.

De 1351 à 1375, le prix du blé est remonté très haut (9 francs l'hectolitre) et le prix de l'hectare est descendu à 83 francs. Ne sont-ce pas les misères de la guerre contre les Anglais et de la Jacquerie qui ont restreint la production, causé, d'une part, les famines et la cherté et, d'autre part, avili la terre que les paysans abandonnaient?

De 1376 à 1400, le prix de l'hectare s'est relevé un peu (98 francs), quoique le blé ne valût plus en moyenne que 4 fr. 66. Ne convient-il pas de dire que les effets n'ont suivi les causes qu'à distance et d'attribuer ce revirement au gouvernement réparateur de Charles V?

Si l'hectare est tombé à 48 francs en 1451-1475, c'est que cette période est celle où la France, épuisée et dépeuplée par les dévastations de la guerre de Cent ans, en subit les dernières conséquences sans avoir encore eu le temps d'en réparer les pertes; les plaintes proférées par les représentants des provinces aux États-Généraux de Tours, en 1484, montrent combien le mal a été persistant. Cependant, dans l'Orléanais, l'hectare, qui était descendu jusqu'à 16 francs, s'est relevé, immédiatement après la délivrance d'Orléans, à 92 francs. Il y a des provinces où le prix était même descendu plus bas encore. Pendant ce temps, dans le Comtat Venaissin qui n'a été rançonné qu'une fois par les Grandes compagnies, l'hectare valait 161 francs (il y a toujours été à un prix plus élevé que dans la plupart des autres provinces). Lorsque les Anglais eurent été expulsés et les gens d'armes pliés à une certaine discipline, les laboureurs revinrent peu à peu à leurs champs. Dans le bourg de Priers, près de Soissons, le premier qui se hasarda,

après quinze ans d'absence, « ne sait, dit une déclaration du temps, à qui s'adresser pour louer de la terre,
et nul ne peut lui dire à qui la terre appartient. » Le
pays était devenu un désert. Les textes relatifs à la
dépopulation de la France au milieu du xve siècle abon-
dent ; l'auteur n'avait qu'à choisir.

De 48 francs, l'hectare remonta dans la période suivante à 97 francs ; s'il fléchit ensuite à 95 francs au
commencement du xvie siècle (1501-1525), c'est qu'une
cause nouvelle intervenait dans la fixation de sa valeur.
Les années qui se sont écoulées de 1475 à 1525 ont été
une période de relèvement.

Durant cette période on a abattu les forêts qui avaient
envahi le sol : on a défriché les landes. « La tierce
partie du royaume est réduite à la culture depuis trente
ans, » écrivait Claude de Seyssel au commencement du
xvie siècle ; il ajoutait même, non sans exagération :
« La rente des terres, bénéfices et seigneuries a cru
généralement, et plusieurs sont de plus grand revenu
par chaque année qu'ils ne se vendaient du temps même
de Louis XI pour une seule fois. »

Le commerce renaissant et les métaux précieux, dont
l'approvisionnement venait alors presque uniquement
d'Europe, devenant insuffisants pour une circulation
plus large et plus active, le pouvoir de l'argent augmenta,
c'est-à-dire que les prix baissèrent. C'est ce qui explique
pourquoi, malgré la prospérité croissante, le prix de la
terre n'augmenta pas au commencement du xvie siècle.
Louis XII ne pénétrait pas la cause de ce phénomène
lorsqu'il se plaignait que « les prix d'or et d'argent
étaient haussés, » et qu'il en accusait les orfèvres et les
marchands des foires.

Au contraire, après la conquète du Mexique et du Pérou par les Espagnols, l'argent afflua tout à coup en quantité énorme relativement aux temps antérieurs, et le prix de l'hectare, montant toujours à mesure que s'abaissait la valeur du métal précieux, atteignit, dans le dernier quart du xvıᵉ siècle, le prix moyen de 317 francs.

Les révolutions monétaires que le vicomte d'Avenel a décrites correspondent à très peu près aux périodes de l'histoire des métaux précieux que j'avais, il y a plus de trente ans et après d'autres écrivains, tracées dans *La Question de l'Or*. Je retrouve aussi dans un grand nombre de textes, cités par M. d'Avenel, des preuves qui confirment des faits que j'ai signalés dans *La population française :* d'une part, l'accroissement de la population au xıııᵉ siècle et à la fin du xvᵉ; d'autre part la diminution de cette population pendant la guerre de Cent ans et pendant les guerres de religion. Vers la fin du xvıᵉ siècle, les campagnes étaient au pillage : « O le misérable temps pour n'oser sortir des villes! » écrivait en 1585, dans son livre de raison, un bourgeois de Tulle.

Depuis le moyen âge jusqu'à nos jours, la valeur de la propriété foncière a beaucoup plus augmenté que n'a diminué le pouvoir de l'argent. En voici la preuve : en 1451-1500, ce pouvoir était six fois plus grand qu'aujourd'hui, et l'hectare de terre de labour s'achetait avec vingt-deux fois moins d'argent qu'aujourd'hui (1).

Dans le même temps, le revenu de la propriété foncière a augmenté, mais dans une proportion bien moin-

(1) En 1884, le prix moyen, d'après l'enquête du ministère des Finances était de 1,600 francs ; dans la seconde moitié du xvᵉ siècle, il était, d'après M. d'Avenel, d'environ 72 fr. 50 (moyenne de 48 francs et de 97 francs)

dre ; car c'est à peine s'il a décuplé de 1451-1500 jusqu'à nos jours. M. d'Avenel, qui a établi ce fait par de
nombreux textes, en conclut que l'intérêt de l'argent
s'est abaissé à mesure que s'accroissait le capital. Le
revenu d'ailleurs a varié différemment suivant les cul-
tures ; les bois au moyen âge coûtaient relativement
peu, parce qu'il y avait beaucoup de forêts ; les prés
coûtaient davantage et le foin était cher, parce qu'on
ne connaissait pas les prairies artificielles ; les transports
étant très difficiles, les vignobles se vendaient en raison
plutôt de la proximité du débouché que de la qualité
du cru : par exemple, pendant que le loyer d'un hectare
de vigne était en moyenne de 19 francs en France (1476-
1500) et qu'à Nîmes en 1382, il descendait à 0 fr. 90,
il s'élevait à 30 francs à Gentilly.

Il est plus difficile de comparer le prix des maisons
que celui des champs. Aujourd'hui le champ n'est pas
sans doute précisément ce qu'il était au moyen âge ; les
améliorations foncières ont modifié cet instrument de
la production agricole ; mais il y a toujours des terres
c'i sont naturellement bonnes, et des terres qui sont
mauvaises. Quant aux maisons, elles ne sont plus du
tout ce qu'elles étaient, surtout dans les grandes villes.
La plupart de celles qui ont été conservées jusqu'à nos
jours étaient des demeures somptueuses qui ne donnent pas une idée des logements du peuple. Les chau-
mières des serfs du moyen âge ont toutes disparu ; les
habitations urbaines ont presque partout été recon-
struites ; il est rare d'en voir dont la construction re-
monte au delà du xvi° siècle. Ce qui n'a pas changé,
c'est le sol sur lequel les constructions s'élevaient ; c'est
pourquoi le vicomte d'Avenel a étudié surtout le prix

du terrain. Il a calculé que, dans le Paris actuel où l'hectare vaut aujourd'hui en moyenne 1,300,000 francs, il valait 652 francs au temps de saint Louis.

Alors le loyer d'une maison paraît avoir été en moyenne de 123 francs : ce qui suppose, d'après le taux de l'intérêt dans ce temps, un prix de vente de 1,500 francs ; aujourd'hui, la moyenne de la valeur locative est de 7 000 francs, et celle de la valeur vénale de 130,000 francs. Les loyers, obéissant aux mêmes influences économiques que les terres labourables, augmentèrent au XIIIe siècle et diminuèrent, pendant la guerre de Cent ans et après cette guerre, jusqu'à 58 francs : tel est du moins le taux moyen de la période 1450-1475.

Au XVIe siècle, sous la double influence de la dépréciation de l'argent et de l'accroissement rapide de la population parisienne, le prix du mètre de terrain, qui, à la fin du XVe siècle, était en moyenne de 2 centimes et demi à Paris, a monté jusqu'à 0 fr. 95 en 1588. Les rois s'inquiétaient de cette agglomération. Les mesures qu'ils prenaient pour l'arrêter avaient le sort de la plupart de celles par lesquelles les gouvernements prétendent enrayer le mouvement économique : elles étaient impuissantes (1).

En 1234, un cordonnier anglais acheta, sur l'empla-

(1) Édit de 1627 : « Les rois nos prédécesseurs, reconnaissent que l'augmentation de notre bonne ville de Paris était grandement préjudiciable, ont souvent fait défenses de bâtir dans les faubourgs, et nous avons depuis quelques années continué les mêmes défenses, au préjudice desquelles un grand nombre de personnes ne laissent d'y entreprendre plusieurs bâtiments ; ce qui nous a fait résoudre d'y pourvoir par nouvelles défenses, et sur de plus grandes peines, afin de retenir chacun dans l'obéissance. » L'édit interdit de construire en aucune place nouvelle, « si ce n'est pour refaire les maisons qui s'y trouvent faites de vieille date, sans s'étendre. »

cement où la rue Bergère aboutit aujourd'hui dans la
rue du faubourg Montmartre, un terrain de 2 hectares 70
de marais ; il fit cette acquisition au prix d'une rente de
245 francs, prix très élevé pour l'époque, qui correspond (au denier 10) à un capital de 2,450 francs. Ce terrain, donné à l'Hôtel-Dieu en 1261, rapportait 84 francs
en 1394 et 32 francs seulement en 1426, époque de
diminution du revenu des immeubles et d'augmentation de la valeur des métaux précieux ; il rapportait
346 francs en 1589, et, par delà du xvi° siècle, 1,472 francs
en 1637. Aujourd'hui (1892), ce même terrain, évalué
à 1,000 francs le mètre, vaudrait 27 millions et de-
vrait rapporter, sans les constructions, environ un mil-
lion.

Il y a des exemples de grandes plus-values durant
notre siècle, mais il n'en existe pas, à ma connaissance qui se soient produites dans de telles proportions.
Une famille dans laquelle se serait transmis de père en
fils un terrain situé actuellement dans Paris, aurait vu
augmenter sa fortune d'une manière prodigieuse. Une
famille qui aurait conservé la propriété d'une ferme à
la campagne aurait vu aussi son capital et son revenu
augmenter considérablement, quoique dans une proportion bien moindre.

Tout autre aurait été le sort d'une famille qui aurait
possédé une fortune mobilière consistant en rentes foncières ou en intérêts d'argent prêté à un titre quelconque et dont le placement aurait été renouvelé de
période en période après des remboursement succes-
sifs. Elle aurait subi les conséquences d'une triple diminution : diminution graduelle de l'intérêt du capital qui
était de 10 p. 100 au xiii° siècle et qui est de moins

de 4 aujourd'hui (1) ; diminution du poids de métal fin contenu dans la livre tournois; diminution du pouvoir commercial de l'argent, sans parler de la diminution du pouvoir social qui est considérable. M. d'Avenel a calculé que 1,000 livres placées au temps de Philippe-Auguste et représentant alors en valeur intrinsèque 21,770 francs et en pouvoir commercial 98,000 francs actuels, auraient procuré un revenu dont le pouvoir commercial eût été égal à celui de 9,800 francs actuels. En 1600, le revenu de 1,000 livres n'était représenté que par 417 francs (pouvoir actuel) ; en 1790, le capital n'aurait plus valu que 900 francs (valeur intrinsèque) et le revenu n'aurait été que de 45 francs; en 1890, le revenu serait réduit à 36 francs.

Au contraire, le propriétaire d'une terre de labour achetée 1,000 francs (valeur intrinsèque) sous Philippe-Auguste pourrait vendre aujourd'hui cette terre 122,500 francs et avoir un revenu de 4,050 francs. Donc, malgré les variations, accidentelles ou permanentes, causées par l'état politique ou économique du pays, la propriété foncière a été, dans la suite des siècles, beaucoup plus favorisée que la propriété mobilière. C'est elle qui, à ce point de vue, a le plus profité de l'accroissement général de la richesse nationale.

M. d'Avenel en conclut qu'elle n'a pas le droit de se plaindre lorsque parfois il se produit quelque mouvement en sens inverse, surtout lorsque ce mouvement a pour cause une abondance plus grande de produits et

(1) La moyenne du taux de l'intérêt est indiquée ainsi par M. d'Avenel :

1200-1475	denier	10	soit	10 0/0
1476-1550	—	12	—	8 33
1551-1575	—	14	—	7 14
1576-1600	—	16	—	6 25

pour conséquence une plus grande facilité d'existence procurée à la masse de la population.

En traitant de la terre et de son revenu dans les deux derniers siècles (xviiᵉ et xviiiᵉ), le vicomte d'Avenel insiste sur le droit de chasse dont il croit que les rigueurs ne sont guère antérieures au xviᵉ siècle. Au moyen âge, suivant lui, la chasse était plutôt un devoir du seigneur qui devait purger la campagne d'animaux malfaisants (1), qu'un privilège garanti par une sévère pénalité.

Il montre, d'autre part, les rentes foncières diminuant de plus en plus et s'évaporant en quelque sorte dans la main du seigneur par suite de la réduction du poids de la livre tournois et de son pouvoir commercial. Cependant les censitaires se plaignaient ; la Révolution française, qui les libéra en autorisant le rachat ou en supprimant purement la rente, leur procura un certain bénéfice ; elle n'en procura pas à la masse des paysans qui n'étaient pas propriétaires et qui, en mainte paroisse, perdirent des droits d'usage et même des biens communaux.

M. d'Avenel explique comment les baux à cens, qui étaient la forme d'amodiation la plus ordinaire au moyen âge, devinrent rares dans les temps modernes et comment le bail à ferme domina à son tour, du moins dans les grandes plaines de labour, comme la Beauce. Il pense que dans cette région, comme dans plusieurs autres, la culture était, par suite de cette transformation, moins morcelée au xviiᵉ et au xviiiᵉ siècle qu'elle ne l'avait été au moyen âge.

(1) Il cite ce fait qu'en 1341, aux environs de Troyes, on tua 18 loups et on en prit 572 vivants.

Il ne croit pas que la condition du tenancier se soit améliorée et il affirme que, plus la richesse a progressé, plus forte a été la part du revenu que le propriétaire s'est réservée par le contrat passé avec son fermier ou son métayer. J'hésite à le suivre dans cette induction parce que je me demande si, de l'accroissement du revenu du propriétaire il faut nécessairement conclure à une diminution de la situation du tenancier? Que le fermage de l'hectare représentât en moyenne 87 litres de froment dans la première moitié du xvii° siècle et 166 dans la seconde moitié du xviii° siècle, tandis qu'il en représente aujourd'hui 250, la conséquence n'est pas nécessairement que le tenancier ait moins aujourd'hui pour sa part ; car la terre peut avoir rapporté davantage au xviii° qu'au xvii°, quelques restreintes que fussent alors les améliorations foncières. La thèse aurait besoin d'être éclairée par des preuves plus lumineuses.

« Dépossédé au xvi° siècle par la crue de la population, du bien-être matériel dont il avait joui au moyen âge, le paysan français ne le recouvra que de nos jours. » Telle est l'affirmation de M. d'Avenel qui, quoiqu'un peu trop absolue, paraît contenir une forte dose de vérité. Il s'applique à la prouver en insistant sur la diminution des vaines pâtures et la perte des droits d'usage. Il montre, en 1623, le parlement de Toulouse défendant à l'évêque de Montpellier d'inféoder les terrains vagues de Villeneuve-lès-Maguelonne « lors même qu'ils pourraient être mis en culture », parce que les habitants avaient droit de faire paître leur bétail dans toute la juridiction ; en Provence, sous Richelieu, des chefs de famille obligés de quitter les terres qu'ils cultivaient, parce que la suppression de la vaine pâture leur avait

enlevé le moyen de faire vivre leur bétail, et par suite,
de faire valoir leur propre champ ; au xvii° siècle, l'usage
des prairies artificielles commençant à s'introduire et les
propriétaires s'efforçant de les défendre contre les habitants qui y envoyaient paître leurs bêtes ; en 1769, un
édit abolissant le droit de parcours en Roussillon avec
les considérants que voici : « Les héritages qu'il n'est
pas permis de clore sont pour ainsi dire au premier oc-
cupant, parce que les troupeaux, même ceux des simples
tenanciers possédant une certaine quantité de terres
dans les communautés, jouissent de la faculté d'y entrer
librement. Il en résulte un concours, aussi monstrueux
qu'effectif, dans la consommation précipitée des herbages
et des dommages souvent irréparables pour les posses-
sions livrées à cette servitude. » Le droit de parcours
n'a définitivement été aboli en France que par la loi du
9 juillet 1889.

Un fait que l'auteur établit solidement et qui est
d'un intérêt majeur pour l'histoire économique, c'est
l'abaissement de la valeur vénale et du revenu de la
terre vers la fin du xvii° siècle, et l'augmentation considérable de cette valeur et de ce revenu dans la seconde
moitié du xviii° siècle. Le prix de l'hectare s'était élevé
au xvii° siècle de 277 francs, en 1601-1625, à 481 francs
durant la période 1651-1675 qui a été une période de
prospérité. Puis il avait baissé dans la seconde partie du
règne de Louis XIV sous la double influence de la guerre
et d'une politique économique qui appauvrissait l'agriculture et il avait continué à baisser pendant les premières années du règne de Louis XV jusqu'à 265 francs
(période 1701-1725). Grâce à une paix prolongée que
troublèrent peu, à l'intérieur du royaume, la guerre de

succession de Pologne, celle de la succession d'Autriche
et même la guerre de Sept ans quoiqu'elle ait été non
moins triste pour notre honneur militaire que funeste
à nos colonies, la population, qui avait beaucoup diminué, augmenta de nouveau ; les défrichements se
multiplièrent et le prix de l'hectare tripla presque dans
l'espace de soixante-quinze ans (764 francs en 1776-1790).

L'auteur a dressé un tableau comparatif du revenu
de la terre labourable par province en 1790 en doublant
(conformément au pouvoir qu'il assigne à l'argent) les
prix de cette époque et en les comparant aux prix de 1884
(d'après l'enquête du ministère des finances). On voit
d'après ce tableau qu'il y a eu baisse en Champagne
(baisse de 68 p. 100), dans le Comtat Venaissin
(65 p. 100), en Saintonge (28 p. 100) ; qu'il y a à
peu près parité en Berri et en Languedoc ; qu'il y a
eu accroissement de 5 p. 100 seulement dans l'Ile-de-
France et de 9 en Bourgogne ; que cet accroissement
s'est élevé à 43 et 45 en Normandie et dans le Maine,
à 78 et à 86 en Picardie et en Flandre. Il peut être intéressant de connaître ces rapports, quoiqu'il n'y ait pas
lieu de leur accorder une confiance absolue.

La Révolution française a pour un temps ralenti le
mouvement ascendant de la valeur foncière ; M. d'Avenel
cite des fermes qui étaient louées moins cher en 1795
qu'en 1785 (1). Mais ce mouvement a recommencé vers
1830 et, depuis 1850, il a été assez rapide pour devenir
comparable à celui dont ont été témoins les hommes de
la seconde moitié du xviiie siècle. L'auteur demande si,

(1) Je puis donner une preuve de cette diminution tirée des archives d'un des lycées de Paris. Pendant la Révolution, les terrains et bâtiments de l'ancien collège d'Harcourt (aujourd'hui lycée Saint-Louis)
furent mis en vente en plusieurs lots. Voici l'estimation faite en 1790 de

après avoir profité de plus-values si considérables, les propriétaires et les cultivateurs, qui parlent au nom de l'intérêt de la terre, sont bien fondés à opposer aujourd'hui des barrières artificielles à une évolution qui se produit en sens contraire, et dont le résultat aurait contribué au bon marché de la vie.

Dans un mémoire, qui avait figuré une première fois dans le concours de 1886 et qui n'a pas reparu en 1889 (1), l'auteur avait établi entre le revenu des terres au xviiie siècle et au commencement de la Restauration une comparaison qui le conduisait à conclure que, dans l'intervalle, il n'y avait pas eu progrès. Sur ce point les deux auteurs ne sont pas en contradiction, car l'augmentation de la valeur de la terre est postérieure à 1815 ; mais les prix que donnait l'auteur du mémoire étaient notablement supérieurs (2) à ceux qu'a recueillis le vicomte d'Avenel.

Le prix des terrains à bâtir dans les grandes villes a augmenté du xviie à la fin du xviiie siècle, beaucoup plus encore que celui des terrains de culture. Il a d'ailleurs subi les mêmes vicissitudes. Entre autres

la valeur de la toise de plusieurs de ces lots et le prix de la mise en vente en 1798;

Estimation de la valeur de la toise (sur 1316 toises en tout).

	En 1790.	En 1798.
1er lot	800 livres.	300 livres.
2e —	250 —	100 —
3e —	600 —	250 —
4e —	400 —	150 —
5e —	700 —	250 —

(Voir l'*Ancien collège d'Harcourt et le lycée Saint-Louis*, par M. Bouquet.)

(1) Nous avons appris que l'auteur de ce mémoire était M. A. des Cilleuls.

(2)

		Revenu net des terres médiocres, d'après les recherches de l'auteur du mémoire.		Revenu net moyen de l'ensemble des terres du département, d'après Chaptal (*De l'Ind. fr.* 1819.)
		fr.	fr.	
Eure.	1748-1778	51 49	55 10	40.43
Seine-et-Oise. .	1747-1788	50 35	58 33	51 »
Oise..	1788		50 44	39.80
Puy-de-Dôme. .	1779		21 01	24.28

preuves du recul qui s'est produit, de la mort de Colbert au ministère de Fleury, l'auteur cite une maison de la rue Planche-Mibray, vendue 20,700 francs en 1676 et 10,600 en 1717. Plus que les terres, les maisons subissent l'influence de la mode : ainsi un hôtel du Marais qui rapportait 4,900 francs lorsque, sous Louis XIII, la place Royale et le Marais étaient le rendez-vous du monde élégant, n'était plus louée que 5,600 francs en 1770. Par la même raison, les loyers étaient très chers à Versailles au xviii° siècle. L'auteur estime que le loyer moyen des maisons de Paris a sextuplé dans le cours du xvii° siècle, époque où une partie de la noblesse vint se fixer à Paris et s'y fit bâtir des hôtels, où le luxe de la bourgeoisie et le nombre total des habitants augmentèrent très fortement. Après la dépréciation du commencement du xviii° siècle, le progrès recommença ; le prix moyen d'une maison dans le périmètre des fortifications actuelles est évalué par M. d'Avenel à 40,500 francs en 1651-1675, à 22,700 francs en 1701-1725, à 73,500 francs en 1776-1790.

3° LE TRAVAIL ET LES SALAIRES. — Les chapitres que le vicomte d'Avenel a consacrés aux salaires sont une des parties les plus intéressantes de son mémoire. Le prix du travail n'a pas toujours suivi dans ses changements une ligne parallèle à la propriété foncière ; il ne s'est pas réglé non plus sur la condition civile des ouvriers. Liberté et bien-être, dit l'auteur, ne marchent pas nécessairement du même pas. « Dans une société civilisée, il arrive quelquefois qu'un homme meurt de faim faute de ressources, cela n'arrive jamais à un bœuf. » il ajoute : pas même à un esclave et peut-être moins à un serf qu'à un homme libre.

Au moyen âge, tout tournait en fief, même les services de l'artisan qui souvent, pour accomplir une certaine besogne, recevait une rente perpétuelle, en nature ou en argent, et transmettait à ses héritiers le privilège de sa fonction. Au xvi° siècle, on voit beaucoup de propriétaires se dégager par rachat de cette obligation féodale qui les liait à leurs sommeliers, tonneliers, menuisiers, etc. En général le service fieffé était cher, c'est-à-dire que le titulaire de l'office faisait peu de besogne, relativement à la rente dont il était bénéficiaire.

Quand on lit dans un texte du xv° siècle que des manœuvres recevaient 2 sous par jour, il n'est pas une personne tant soit peu versée dans cette matière qui prenne cette expression au pied de la lettre dans le sens qu'elle aurait de nos jours. Le sou était une monnaie qui, du temps de saint Louis, représentait un poids d'argent à peu près égal à celui d'un franc, et le pouvoir de l'argent était 4, comparativement à ce qu'il est sous la troisième république. Sous Louis XII, le sou ne contenait que 2 grammes d'argent, mais le pouvoir commercial de l'argent était 6 ; le manœuvre pouvait, par conséquent, acheter à peu près autant de marchandises avec ses 2 sous qu'on le ferait aujourd'hui avec 2 fr. 50.

En général, lorsqu'on ramène les moyennes du salaire d'autrefois au pouvoir actuel de l'argent, on s'aperçoit qu'il n'y a pas, entre le temps présent et le moyen âge, d'aussi grandes différences qu'on se l'imaginerait. Toutefois M. d'Avenel fait remarquer avec raison que cette différence devient plus accusée quand on tient compte dans le calcul des recettes de l'année des fêtes chômées, lesquelles étaient plus fréquentes autrefois qu'aujourd'hui.

Si l'ouvrier peut faire actuellement environ 300 journées, il n'en faisait guère alors que 250 ; le gain de l'année
se trouvait réduit d'autant. « S'il y avait aujourd'hui, dit
M. d'Avenel, où l'industrie des textiles est centralisée
dans des manufactures urbaines et où la moisson à la
vapeur exige cinq fois moins de temps que par le passé,
la même quantité de bras dans les champs qu'il y en
avait au moyen âge, comme le souhaitent certains amis
dévoués de la classe rurale qui se plaignent de la dépopulation, on n'aurait à coup sûr pas besoin de faire
venir des « aoûterons » du dehors dans les départements
à céréales, mais durant dix mois de l'année les malheureux indigènes, privés d'ouvrage, crèveraient de
faim. »

Le salaire du journalier non nourri était, d'après
M. d'Avenel, de 0 fr. 60 dans la seconde moitié du
XIIIe siècle ; au XIVe il s'est élevé graduellement jusqu'à
0 fr. 90 dans la période 1351-1375 pour redescendre à
0 fr. 50 dans la période 1476-1500 ; enfin, au XVIe siècle,
il est remonté et a atteint 0 fr. 78 en 1576-1600.

Le salaire du maçon, celui du charpentier, celui du
peintre, celui même des domestiques de ferme nourris
par leur maître et celui des femmes, qui n'était guère
dans le passé (il était de 75 à 53 p. 100), comme il l'est
dans le présent (il est de 60 p. 100 en moyenne), que
les deux tiers du salaire des hommes, subissent les
mêmes variations. Les différences, non plus que les
variations, ne sont donc pas dues au hasard. On dé-
couvre aisément l'influence de l'offre et de la demande
qui se manifeste par des effets divers : accroissement
de la demande de bras au commencement du XVIe siècle ;
rareté des bras dans la dernière période de la guerre de

Cent ans se faisant encore sentir longtemps après cette
guerre; accroissement du pouvoir commercial de l'argent à la fin du xv° et au commencement du xvi° siècle;
diminution de ce pouvoir à la fin du xvi° siècle. Ces
causes agissaient sur les salaires, tantôt dans le même
sens que sur la propriété, tantôt dans un sens inverse;
c'est pourquoi il importe de ne pas confondre les deux
séries de phénomènes dans une même moyenne.

Ainsi, dans la seconde moitié du xv° siècle, le salaire
nominal était très bas, parce que l'argent était devenu
plus cher; mais alors l'hectolitre de blé coûtait peu et,
par suite, le revenu et le prix de la terre étaient fort
diminués; alors le manœuvre, avec son salaire de 0 fr. 60
en 1451-1475 ou de 0 fr. 58 en 1476-1508, pouvait acheter
18 litres 1/2 (1451-1475), ou 14 litres 1/2 (1475-1500) de
froment. Il n'en achète aujourd'hui, avec ses 2 fr. 50, que
12 1/2, à peu près autant que dans la première moitié du
xvi° siècle. Lorsque, au contraire, dans la seconde moitié
du xvi° siècle, l'argent est arrivé en abondance sur le marché et que le prix de toutes les marchandises, y compris la
terre, a augmenté très rapidement, le salaire n'a suivi
qu'à distance la hausse générale; il a marché pour ainsi
dire à la remorque des denrées, les salariés n'obtenant
une augmentation qu'après l'avoir longtemps réclamée.
Les ordonnances des rois ont interdit à cette époque
à maintes reprises aussi bien les augmentations de salaires que les augmentations de prix des marchandises;
ni les unes ni les autres n'ont prévalu contre l'avilissement de la monnaie; elles ont été néanmoins défavo-
rables aux ouvriers, aux réclamations desquels elles ont
fait obstacle. Avec ses 0 fr. 78, la classe des manœuvres
en l'an 1600 n'achetait que 3 lit. 90 de froment. Elle

avait vu déchoir son bien-être de période en période à
mesure que le prix des denrées haussait : 14 liv. 60 de
froment de 1501 à 1525, 10 livres de 1526 à 1550,
6 liv. 25 de 1551 à 1575, enfin 3 liv. 90 de 1576 à
1600.

On voit, au xvi° siècle, la même cause agir de la même
manière sur le salaire des ouvriers de l'industrie, qu'ils
appartiennent à des métiers jurés, c'est-à-dire organisés
en corporation, ou à des villes libres (car le monopole
corporatif ne paraît pas avoir eu pour effet d'élever le
taux des salaires) et sur le prix des façons. L'élévation
de prix du travail n'atteint pas le niveau, toujours crois-
sant, du prix des marchandises. Aussi dans la classe
des salariés, y a-t-il des souffrances et entend-on des
plaintes. Ce n'est pas la seule fois qu'un phénomène de
ce genre s'est prod' dans l'histoire économique par
suite d'un avilissement de la monnaie.

J'ai dit que le journalier non nourri gagnait en
moyenne 0 fr. 78 en 1600. Dans le premier quart du
xvii° siècle, son gain n'est plus que de 0 fr. 76 ; mais le
prix de la vie a diminué davantage et, par suite, le salaire réel paraît avoir un peu gagné. Dans le second
quart, de 1626 à 1650, il est tombé à 0 fr. 74 en même
temps que les denrées renchérissaient : d'où amoin-
drissement du salaire réel. Porté à 0 fr. 80 dans la
seconde moitié du xvii° siècle, il ne s'est pas amélioré
pour cela, puisque le pouvoir de l'argent tombait en
même temps de 3 à 2. La première moitié du xviii° siècle
a été naturellement une époque de salaire bas (0 fr. 70
et 0 fr. 68), puisque le pouvoir de l'argent augmentait
et que le prix de la terre et des denrées diminuait. Le
salaire est remonté à 0 fr. 75 et à 0 fr. 82 dans la seconde

moitié du xviiie siècle ; mais, comme le prix de la terre
et des denrées augmentait alors plus rapidement encore,
le salarié a vécu plus misérablement pendant que l'agriculture prospérait. C'est peu -être en partie parce que la
population, qui avait diminué au commencement du
xviie siècle, s'accroissait de nouveau dans cette seconde
moitié : les salaires subissaient l'influence de la con-
currence.

Le travail agricole, malgré la modicité du salaire,
paraît avoir été plus coûteux alors qu'il n'est aujour-
d'hui : ce qu'explique l'infériorité des instruments de
travail. On moissonnait à la faucille et on n'employait
d'ordinaire la grande faux que pour les prairies, dans
la crainte d'égrener les épis ; on labourait avec une
charrue qui, à en juger d'après la surface déterminée
par les chartes pour le travail d'un jour, faisait un tiers
moins d'ouvrage que la charrue actuelle traînée par deux
bœufs, quoique les labours aujourd'hui soient en général
plus profonds.

4° LES PRODUITS ET LES CONSOMMATIONS. — M. d'Avenel
traite en dernier lieu du prix des consommations. Il est
nécessaire de connaître ce prix pour apprécier le salaire
réel, pour comprendre les variations du revenu et pour
établir, dans la mesure où il est possible de le faire, le
pouvoir commercial de l'argent.

Si le blé ne suffit pas pour mesurer ce pouvoir, il
entre pour une forte part dans la moyenne des prix à
l'aide desquels on le calcule ; car, s'il compte aujourd'hui
à raison de 25 p. 100 dans les dépenses annuelles du
manœuvre, il comptait vraisemblablement dans une proportion plus forte au moyen âge. M. d'Avenel a calculé,
année par année (excepté pour quelques années du

xiii⁰ siècle, où les documents lui ont fait défaut). la moyenne annuelle du prix du froment en France. J'ai, d'après ces chiffres, dressé la courbe du prix du blé, de 1200 à 1790 ; j'en ai contrôlé les chiffres à l'aide d'autres séries de prix du blé dont j'ai donné également les courbes comme termes de comparaison. J'ai continué cette courbe de 1797 à 1891, de manière à présenter la suite complète du prix du blé depuis le temps le plus reculé où nous puissions remonter avec une probabilité suffisante jusqu'à la plus récente année connue (1). La ressemblance de ces diverses courbes témoigne en faveur du travail du vicomte d'Avenel. Les moyennes annuelles qu'il a calculées peuvent donc être acceptées comme suffisamment exactes, du moins jusqu'à ce que des recherches plus étendues prouvent qu'il y a quelques chiffres à rectifier dans la série.

On peut dire que le prix du blé, qui, d'une année à l'autre, varie suivant la récolte et variait dans le passé beaucoup plus qu'aujourd'hui, a moins varié en somme dans la suite des siècles que celui de la plupart des marchandises. L'hectolitre de blé a valu en moyenne 21 fr. 32 dans les vingt-cinq dernières années, c'est-à-dire de 1866 à 1890 (l'auteur donne le nombre rond de 20 francs). Au xvii⁰ et au xviii⁰ siècle, les moyennes par quart de siècle ont varié entre 11 francs et 19 francs ; du xiii⁰ à la fin du xvi⁰ siècle, entre 3 fr. 25 (1451-1575, période où la culture était délaissée et où l'argent avait une grande valeur) et 20 francs (1576-1600).

Il n'en a pas été de même de la viande. Le prix en a certainement beaucoup augmenté. Celui d'un bœuf a été,

(1) Voir à la fin de cette étude la note explicative de la figure du prix du blé et la figure elle-même.

d'après M. d'Avenel, de 20 francs à 60 francs, et en moyenne de 27 francs au xiii⁰ siècle; au xv⁰ siècle, de 27 francs en moyenne et, à la fin du xvi⁰ siècle, de 56 francs. M. d'Avenel a trouvé qu'en 1454, à la Haye-du-Puits (Cotentin), une vache valait autant que 160 litres de froment; elle en vaudrait aujourd'hui 380. D'où vient cette différence? Dans un état agricole où les vaines pâtures occupent une grande partie du sol, le bétail coûte peu à nourrir, mais les bêtes étant médiocrement soignées pèsent peu: deux raisons pour qu'elles ne vaillent pas cher. Il y a moins de différence entre les prix anciens et les prix actuels pour le kilogramme de viande que pour le bœuf sur pied : c'est une conséquence et en même temps une preuve de l'état chétif du bétail. En somme, le manœuvre pouvait acheter, avec son salaire journalier, plus de viande au moyen âge qu'aujourd'hui : 4 kil. 27 en 1451-1475, période du maximum; 1 kil. 78 en 1226-1275, période du minimum. Il peut en acheter aujourd'hui 1 kil. 56. Mais autrefois il usait peu de cette puissance d'achat, car il ne mangeait pas en général beaucoup de viande.

Le vicomte d'Avenel ne partage pas l'opinion commune sur la durée des vêtements que portaient nos pères. Par de nombreux exemples, il prouve que les personnes riches, hommes ou femmes, changeaient souvent de coiffures, de robes et de chaussures et que les robes et chaperons ornés de broderies et même de pierres fines coûtaient beaucoup plus que les robes de nos élégantes. Les femmes étaient, suivant le dicton populaire, « parées comme des châsses ». Je ne citerai qu'un exemple, celui de la duchesse de Bourgogne qui, en 1375, commandait une robe de drap d'or, semée de paons, pour le prix de

LES PRIX.   41

4,130 francs, valeur intrinsèque ; cette somme, d'après le
pouvoir de l'argent, correspond à 12,500 francs actuels.
Mais les riches ne sont dans tous les temps qu'une très
petite minorité. Il faudrait prouver que le pauvre ne
conservait pas longtemps les mêmes habits de corps
et je suis enclin à croire que la masse des paysans re-
nouvelait rarement ses habits de laine grossière ou de
toile qui étaient d'ordinaire confectionnés avec le fil filé
ou le tissu tissé à la maison. De linge, le paysan en
avait peu ou point. L'usage des bas ne date que du
xvi° siècle et, à cette époque, les paysans couchaient
nus presque partout. Les chemises de nuit que possé-
dait la reine de Navarre étaient signalées de son temps
comme un luxe. Le vicomte d'Avenel affirme que, si aujourd'hui le manœuvre peut avec son salaire (2 fr. 50)
acheter 50 centimètres de drap grossier, il n'en achetait
que 15 à 20 au xv° et au xvi° siècle. Les produits manu-
facturés (sauf quelques marchandises, comme les chaussures) étaient relativement plus chers qu'aujourd'hui.

5° LA RELATION DU TAUX DES SALAIRES ET DES PRIX DES CON-
SOMMATIONS. — De la comparaison du prix des choses et
du prix du travail il semblerait résulter, en somme, qu'au
moyen âge la situation du salarié au point de vue de la
puissance d'achat de son salaire n'était pas pire qu'aujourd'hui, peut-être même qu'au xv° siècle elle était
supérieure ; elle serait devenue inférieure à partir du
moment où l'affluence de l'argent américain a changé,
au xvi° siècle, les conditions économiques de la vie. Cette
conclusion est assurément un peu paradoxale ; je ne
l'enregistre qu'en me réservant de revenir quelque jour
sur l'étude de cette question.

   M. d'Avenel montre bien que des circonstances par-

ticulières ont aggravé la situation de l'ouvrier rural au
XVI⁰ siècle. Dans la première moitié de ce siècle, la
population augmentant, on a défriché beaucoup de bois
et de vaines pâtures; le plus souvent, le profit était pour
le seigneur qui s'appropriait et affermait les terrains, et
le détriment pour les manants qui avaient joui auparavant de la communauté et qui se plaignaient de l'usur-
pation. C'est le temps des « enclosures » en Angleterre.
Cette révolution dans l'économie rurale s'accomplissait,
mais elle n'était pas encore complète au commencement
du XVII⁰ siècle, puisque Olivier de Serres, recomman-
dant l'élevage du bétail aux agriculteurs, disait : « d'autant qu'avec peu de dépense le bétail s'entretient eu
égard à celle qu'il convient de faire pour le recouvre-
ment des blés et des vins. » La situation de l'ouvrier
rural, recevant alors un salaire réel moindre, et privé de
ces ressources accessoires, devenait plus précaire ; s'il y a
de l'exagération, il doit y avoir aussi une part de vérité
dans la comparaison du présent et du passé que faisait
en 1560 un sieur de Gouberville. « Du temps de mon
père, on avait tous les jours de la viande; les mets
étaient abondants; on engouffrait le vin comme si c'eût
été de l'eau, mais aujourd'hui tout a bien changé; tout
est coûteux ; la nourriture des paysans les plus à leur
aise est bien inférieure à celle des serviteurs d'autrefois. »
   Terres, loyer de l'argent, denrées, objets fabriqués,
salaires, toute chose vénale a son prix et les variations du
prix de chaque chose sont déterminées en partie par des
causes générales, en partie par des influences particulières. Si l'on dressait la courbe de chacune de ces
choses pendant une suite des siècles, on verrait un en-
chevêtrement, inextricable au premier abord, de lignes

montant, descendant et se croisant. Ces lignes ne serpen-
teraient pas cependant au hasard ; elles se grouperaient
en écheveau. Suivant que l'ensemble des lignes qui
composeraient cet écheveau emmêlé aurait une allure
ascendante ou descendante, on pourrait dire que le
pouvoir de l'argent a une tendance à diminuer ou à augmenter. Si la ligne des salaires se trouvait au bas de
l'écheveau, la condition de l'ouvrier serait mauvaise,
même quand l'écheveau serait placé haut sur l'échelle
du tableau : c'est ce qui est arrivé à la fin du xvı° siècle.
Si elle se trouvait au haut de l'écheveau, on aurait le
droit d'en conclure que la condition est bonne, même
quand cet écheveau serait placé bas, comme en l'an 1500.

Avec les documents recueillis et interprétés par
M. d'Avenel peut-on dessiner la courbe définitive de
toutes les marchandises qui font la matière de ses statistiques ? Non sans doute. Beaucoup de prix donnés par
lui ne sont que des éléments premiers de connaissance
qu'il sera nécessaire de fortifier en apportant des éléments
nouveaux. Toutefois, malgré la diversité des influences
particulières, la plupart des prix que l'auteur mentionne
portent bien, à travers les âges, la marque commune de
certaines causes générales et peuvent être expliqués par
des lois économiques, en même temps qu'ils contribuent
à mettre en lumière les effets de ces lois. Ils se groupent
réellement en écheveau et la conformité des principales
inflexions des courbes qu'ils décrivent est une garantie
de vraisemblance.

III

En lisant le mémoire de M. Zolla on voit qu'il a été
écrit par un savant auquel toutes les questions agrono-

miques sont familières. Il est composé d'après un plan
simple et clair. Il ne traite d'ailleurs que du xvii° et du
xviii° siècle. Bien que la méthode d'exposition et les
sources où les documents ont été puisés soient autres
que celles du mémoire du vicomte d'Avenel, les conclusions sur les grandes périodes d'abaissement ou d'élévation des prix sont les mêmes. Les auteurs ayant travaillé chacun de leur côté sans s'entendre, leur accord
sur les points essentiels est une preuve de l'exactitude
des principaux résultats auxquels tous deux sont arrivés
par des chemins différents.

M. Daniel Zolla ne s'est pas dissimulé les difficultés
du problème que l'Académie avait posé. Il fait remarquer
que, non seulement le prix varie d'un champ à l'autre,
suivant la position, la qualité du sol et les circonstances
accessoires ; mais, en outre, qu'autrefois, la multiplicité
et la diversité des charges que supportaient la plupart des
terres rendaient souvent bien incertaine la connaissance
de la valeur réelle du fonds. M. Zolla répète, après Adam
Smith, que la rente augmente, en général, à mesure que
la culture s'améliore, mais il ajoute que la proportion
de cette rente au produit brut devient moindre.

Il a beaucoup plus limité le champ de ses recherches
et le plan général de son œuvre que le vicomte d'Avenel.
Il n'a pas eu la prétention d'établir par lui-même le pouvoir
de l'argent ; il s'est contenté de reproduire le tableau
donné par M. de Foville dans le nouveau *Dictionnaire
d'économie politique*, et de déclarer que, des trois évaluations portées dans ce tableau (celle de Leber, celle du
vicomte d'Avenel et celle de l'abbé Hanauer), sa préférence est pour la dernière. L'abbé Hanauer n'a pourtant
puisé ses documents qu'en Alsace, province qui a eu un

régime économique particulier, même depuis les traités
de Westphalie, puisqu'elle était traitée en matière de
douanes comme pays d'étranger effectif. Je n'insiste pas
sur ce point, parce que les différences entre les trois
évaluations sont peu considérables au xvii° et au
xviii° siècle, les seuls sur lesquels porte le travail de
M. Zolla. Dans le cours de son mémoire, l'auteur reproduit les prix du blé tels que je les avais calculés pour *La
Question de l'or*.

   La partie vraiment originale de son travail est relative
au prix de vente et au revenu de la terre. Il a établi l'un
et l'autre sur des textes peu nombreux, mais très précis
et bien choisis. Ce sont les archives des communautés
religieuses ou des hospices et les archives départemen-
tales qui les lui ont fournis; les domaines qu'il étudie à
l'aide de ces textes sont situés sur les territoires de
Montpellier et de Béziers, du Mans et d'Angers, dans le
Parisis et le pays Chartrain. Les moyennes qu'il donne
sont calculées sur un très grand nombre de données authentiques. Il a complété ses renseignements à l'aide
du travail de M. Guyot sur la Lorraine. Lorsque des
domaines situés dans le sud, l'ouest, le centre et l'est de
la France accusent la même tendance, il est vraisemblable que cette tendance est générale. L'auteur fait
remarquer qu'avant 1789 il y avait en Languedoc beaucoup plus de terres en labour qu'en vignes; les chemins
de fer ont modifié les proportions.

   Sous le règne de Henri IV, grâce à la paix et à la prospérité qui en a été la conséquence, l'auteur constate une
augmentation du prix des baux; il n'a pas trouvé une
seule exception dans les trente et un domaines appartenant aux chapitres de Saint-Nazaire de Béziers, de Saint-

Pierre de Montpellier et de l'Hôtel-Dieu d'Angers. De 1600 à 1610, cette augmentation varie de 28 à 49 p. 100 suivant les fermes. Elle continue jusqu'en 1620 avec une progression moins rapide. Ces faits concordent exactement avec l'indication que j'ai donnée sur le pouvoir de l'argent dans *La Question de l'or;* ils rentrent moins exactement dans le cadre des périodes tracées par le vicomte d'Avenel.

Fait digne de remarque : ce ne sont pas seulement les fermages en argent, mais les fermages en nature qui augmentent; ainsi, la ferme de Melhas, louée pour 160 setiers de blé en 1596, l'est pour 195 en 1615. L'abaissement de la valeur de l'argent n'est donc pas la seule cause à laquelle on doive attribuer le changement.

Sous Louis XIII, les fermages, après avoir haussé jusqu'en 1630, baissent durant la seconde partie du règne : phénomène que M. Zolla attribue, comme M. d'Avenel, à la politique glorieuse, mais coûteuse, de Richelieu.

Ensuite s'est produit une hausse, peu prononcée, de 1640 à 1650, beaucoup plus forte depuis 1650 et dont le point culminant se trouve vers 1660-1675. Après cette époque, il y a eu un recul considérable ; les deux auteurs l'ont signalé. M. Zolla prouve qu'il s'est produit dans les fermages en nature aussi bien que dans les fermages en argent. « La diminution de la richesse, disait à la fin du siècle Boisguillebert dans le *Détail de la France,* qui a commencé en 1660 ou environ, continue tous les jours, avec augmentation, parce que la cause en est la même, qui est la diminution du revenu des fonds qui ne sont pas, l'un portant l'autre, à la moitié de ce qu'ils étaient en ce temps-là. »

M. Zolla attribue ces changements à trois causes : la

**Tableau des salaires dressé par M. Zolla,
d'après les comptes des communautés religieuses et des hospices qu'il a compulsés.**

ANNÉES	MOISSONNEUR HOMME	MOISSONNEUR FEMME	VENDANGEUR HOMME	VENDANGEUR FEMME	VIGNERON HOMME	VIGNERON FEMME	SEMEUR ET LABOUREUR	FAUCHEUR	BATTEUR	PORTEUR DES VENDANGES	JARDINIER	MANŒUVRE HOMME	MANŒUVRE FEMME	BUCHERON	TERRASSIER	DOMESTIQUE PAR AN — NOURRI HOMME	NOURRI FEMME	NON NOURRI HOMME	NON NOURRI FEMME	BERGER
	fr. c.	fr. c.	fr. c.	fr. c.	fr. c.	fr. c.	fr. c.	fr. c.	fr. c.	fr. c.	fr. c.	fr. c.	fr. c.	fr. c.	fr. c.	fr. c.	fr. c.	fr. c.	fr. c.	fr. c.
1625	»	»	»	»	0.58	»	»	»	»	1.10	»	0.95	0.71	»	»	»	»	»	»	»
1650	1.23	0.88	»	»	1.07	0.70	1.32	»	1.35	1.27	1.37	0 96	0.77	0.88	1.34	69	45	241	195	330
1675	1.32	0.97	1.03	0.75	»	»	1.38	»	1.29	1.09	1.43	»	»	1.07	»	32	32	292	215	206
1700	»	»	»	0.85	»	0.83	»	»	»	1.14	1.38	1.19	0.80	1.21	.	71	»	263	»	232
1725	»	»	0.80	0.76	0.96	»	»	1.35	»	1.63	1.26	0.95	0.74	»	1.25	70	28	245	»	192

politique générale, les impôts, le prix des denrées. La politique de Henri IV et de Sully avait été économe et réparatrice. Celle de Richelieu, habile sans doute et heureuse, a coûté beaucoup d'hommes et d'argent. « La postérité, a écrit le cardinal, aura peine à comprendre que dans cette guerre le royaume ait été capable d'entretenir sept armées de terre et deux navales, sans compter celles de ses alliés à la subsistance desquels il n'a pas peu contribué. » La Lorraine, plus éprouvée que la France par cette guerre, a vu en cinquante ans le prix de ses terres diminuer des trois cinquièmes. Louis XIV, après douze années d'une administration pendant laquelle l'industrie se développa et les finances furent restaurées, entra, par la guerre de Hollande, dans une voie de conquêtes qui valut d'abord à la France l'éclat de la gloire et le profit d'agrandissements territoriaux, mais qui coûta beaucoup d'argent dès 1672 et qui finit par coûter bien plus cher encore sans procurer ni l'un ni l'autre avantage. La lourdeur croissante des impôts fut la conséquence des entreprises ambitieuses de la politique. Cependant ni la politique ni même les mesures prises par Colbert contre l'exportation et la libre circulation des grains ne portent seules la responsabilité des difficultés économiques qu'a subies le XVIIᵉ siècle ; car, en Angleterre comme en France, le prix du blé a baissé vers la fin du XVIIᵉ siècle.

Les comptes qu'a dépouillés M. Zolla n'accusent pas de changement caractérisé dans le taux des salaires durant le XVIIᵉ siècle. L'auteur en conclut que, puisque le prix des denrées avait baissé, l'ouvrier pouvait en acheter davantage, mais qu'en somme il ne devait pas avoir plus de bien-être parce qu'il payait plus d'impôts. Cette conclusion n'est pas en contradiction avec celle du mé-

moire de M. d'Avenel qui donne les chiffres de 0 fr. 76,
0 fr. 74, 0 fr. 80 pour le salaire du manœuvre dans les
deux premiers quarts et la dernière moitié du xviiᵉ siècle.

Au xviiiᵉ siècle, M. Zolla montre, comme le vicomte
d'Avenel, la valeur vénale et le revenu de la terre bais-
sant jusque vers 1740, puis remontant rapidement, surtout depuis 1763 (1). Cette hausse paraît à l'auteur con-
stituer à elle seule un des phénomènes économiques les
plus remarquables dans l'histoire de la propriété rurale.
« Il y a peu de choses, dit de son côté Arthur Young,
dans l'économie politique de la France qui fassent aussi
bon effet que cette hausse générale des prix depuis vingt
ans. »

A quelles causes attribuer la hausse de la propriété
foncière? M. Zolla écarte l'hypothèse de progrès cultu-
raux; il croit qu'en 1789 l'agriculture n'était pas beau-

---

1. Voici les prix de location de l'ensemble des domaines de divers
Chapitres et Hospices recueillis par M. Zolla.

17 Domaines du Chapitre de Saint-Pierre de Montpellier.

1650-60	60.792	1730-40	38.272
1690-1700	46.696	1740-50	43.316
1700-10	52.072	1750-60	53.707
1710-20	44.067	1760-70	61.142
1720-30	49.554	1770-80	86.952

19 Domaines de l'Hospice du Mans.

1700-10	11.896	1750-60	11.269
1710-20	10.489	1760-70	12.193
1720-30	8.160	1770-80	17.535
1730-40	9.458	1780-90	19.718
1740-50	10.547		

11 Domaines de l'Hôtel-Dieu de Rouen.

1740-50	17.870	1770-80	28.042
1750-60	16.745	1780-90	30.910
1760-70	20.425		

Terres de l'Abbaye Saint-Antoine (Paris).

1752	6.724	1770	10.019
1760	7.417	1775	11.689
1765	8.202		

coup plus avancée qu'au temps d'Olivier de Serres, où l'assolement en usage était biennal ou triennal et où l'on ne pouvait pas espérer plus de 5 à 6 fois la semence, c'est-à-dire plus de 10 à 12 hectolitres de froment par hectare. Arthur Young, en 1789, disait que les terres de Normandie rendaient 6 fois la semence au plus et n'en rendaient ordinairement que 4. M. Zolla cite une ferme de Brie appartenant à l'hospice des Quinze-Vingts qui avait, d'après un inventaire détaillé de l'an 1750, un capital d'exploitation de 70 francs par hectare ; dans la même contrée, ce capital est aujourd'hui d'environ 600 francs.

Il croit que l'augmentation du loyer de la terre tient surtout à l'élévation du prix des denrées. Le prix du blé a haussé rapidement sur tous les marchés à partir de 1760. Le prix du bétail aussi ; un bœuf, qui ne valait que 106 francs en 1735 à Angers (il en avait valu 201 en 1715), était payé 240 francs en 1785. La viande avait monté de 0 fr. 25 à 0 fr. 35 ; la pièce de vin, de 42 francs

Ferme de Bellay (420 arpents), à l'Hospice de Chartres.

1664	8.836		1734	4.000
1672	6.728		1761	4.600
1709	4.062		1770	5.000
1715	4.000		1778	7.000
1718	3.200			

Terre de Ver et de Sainte-Luperce à l'Hôtel-Dieu de Chartres
(fermage en nature).

VER			SAINTE-LUPERCE		
1717	8 setiers de méteil		1717	44	setiers de blé
1731	8	—	1731	44	—
1745	8	—	1745	48	—
1753	8	—	1753	»	—
1761	8	—	1761	54	—
1770	9	—	1770	56	—
1786	9	—	1786	56	—

Voici l'ensemble des loyers urbains de l'Hospice de Chartres.

	fr.			fr.
1750	1.766		1770	2.040
1755	1.774		1775	2.561
1760	1.788		1780	2.979
1765	1.788		1785	3.269

à 115 francs; le cent d'œufs, de 2 fr. 60 à 3 fr. 50 ; les poulets avaient doublé de prix.

Mais quelle était la raison de la hausse du prix des denrées ? Assurément, comme le dit M. Zolla en se référant à *La Question de l'or*, on la trouve surtout dans la baisse de valeur de l'argent, conséquence d'une production des mines du Mexique devenue surabondante.

Il me semble toutefois que M. Zolla ne rend pas assez justice à l'agriculture de la seconde moitié du xviiⁿ siècle. Quoique l'assolement ait peu varié, quelques nouveautés, comme la prairie artificielle dont nous avons parlé et la pomme de terre, commençaient à y prendre place. L'agriculture était honorée ; Quesnay y avait contribué par des démonstrations scientifiques et Jean-Jacques Rousseau par l'exaltation du sentiment de la nature. Des sociétés d'agriculture avaient été fondées sous l'administration de Bertin ; grâce à ce ministre, une très importante mesure, la libre circulation des grains à l'intérieur et même, pendant un temps, la libre sortie avaient donné au commerce agricole un essor inconnu depuis Colbert.

D'autre part, l'impôt restait lourd ; il s'aggravait même par les crues de la taille et des vingtièmes, sans avoir cependant, paraît-il, monté autant que les fermages pendant cette dernière période.

Arthur Young s'étonne que le salaire des ouvriers n'ait pas augmenté dans la même proportion que le prix des denrées. M. Zolla partage d'autant plus cet étonnement que les documents sur lesquels il a travaillé et qui concordent avec ceux que M. Guyot a trouvés en Lorraine n'indiquent pas d'accroissement sensible dans la seconde moitié du siècle. Donc, dit-il, la condition du salarié était devenue pire. Les fermiers, au contraire, ne payant pas leurs ouvriers plus cher, ont largement profité de la hausse des denrées et les propriétaires se sont taillés une part dans ce profit en augmentant les baux.

Il y a des doctrines économiques qui s'expliquent par l'histoire, c'est-à-dire qui, vraies dans le milieu où un auteur les a conçues, cessent de l'être dans un autre milieu. M. Zolla pense que c'est la condition des ouvriers du xviiie siècle qui a fait dire à Turgot : « Les ouvriers sont obligés de baisser le prix à l'envi les uns des autres, il doit arriver et il arrive en effet que le salaire de l'ouvrier se borne à ce qui lui est nécessaire pour lui procurer la subsistance. » Il pense aussi que c'est la hausse continue de la valeur de la terre dans la seconde moitié du xviiie siècle, coïncidant avec une augmentation de la population, qui a inspiré à Ricardo sa théorie de la rente.

IV

Les deux mémoires sont remarquables à des titres divers. Celui du vicomte d'Avenel est une œuvre considérable; dans les quatre volumes in-quarto de texte qu'elle comprend, la question du prix et du revenu de la terre, du salaire et des consommations est envisagée sous tous ses aspects et chaque aspect est mis en lumière successivement, avec ordre, par un érudit à qui l'histoire générale est familière et qui a des vues originales sur l'état social des temps passés; les chiffres sont commentés par un économiste qui a le sens droit; enfin la sévérité des énumérations de prix est de temps à autre égayée par un écrivain qui ne manque pas d'humour.

Cette œuvre laisse bien loin derrière elle les deux mémoires de Leber et les manuscrits de Monteil. Sans doute, étant aussi vaste, elle ne saurait être parfaite, surtout du premier jet. Il y a des parties à retoucher, d'autres à compléter, des moyennes à consolider, des démonstrations à fortifier, des dissertations à condenser, des thèses à contrôler, des chiffres surabondants dans le texte à reporter en note. Quelque riche que soit la collection des preuves qui remplissent les huit in-folio, il y a matière à l'enrichir encore. Je n'ai pas vu, par exemple, que M. d'Avenel se fût servi pour le moyen âge des prix rassemblés par M. Blancard dans l'*Essai sur les monnaies de Charles Ier, comte de Provence;* pour la seconde moitié du xviiie siècle, il n'a pas connu le graphique du prix de fermage de 26 domaines de l'arrondissement de Bourg, de 1750 à 1866, que M. Dubost, professeur à l'École de Grignon, a publié dans l'enquête agricole de 1866, et qui confirme pleinement le fait d'une hausse rapide dans la seconde moitié du xviiie siècle. De la figure de statistique qui est à la fin de ce mémoire et de la partie de l'appendice qui l'accompagne, M. d'Avenel pourra tirer quelques additions pour son propre travail.

Quand l'auteur aura achevé la revision de son manuscrit, aura-t-il conduit ses lecteurs à la certitude sur tous les points du sujet qu'il a traités? La matière ne la comporte pas; les moyennes de la valeur et du revenu de la terre, du prix des denrées et autres marchandises, du salaire des ouvriers de la ville et de la campagne, du pouvoir de l'argent dans un grand pays comme la France et pour des périodes de quart de siècle (ce sont celles que M. d'Avenel a adoptées) ne sont pas des quantités susceptibles de détermination précise. Mais c'est déjà beaucoup que de posséder une évaluation approximative, assez solidement assise pour résister à la critique.

En donner, comme a fait l'auteur, la série complète

du commencement du XIIIᵉ siècle à la fin du XVIIIᵉ, c'était
rendre un grand service à l'histoire économique.

L'économie politique, science d'observation qui
éclaire l'histoire, profite à son tour des enseignements
de l'histoire qui corrol orent, étendent ou modifient ses
doctrines. De l'examen de la suite des prix durant les
siècles passés, la première notion théorique qui se dé-
gage, c'est que les prix dépendent tout d'abord de l'abondance ou de la rareté de l'argent, c'est-à-dire du rapport
qui existe entre la quantité des choses à vendre dans un
pays — on pourrait presque dire entre la richesse de ce
pays — et la quantité de métaux précieux qui y circulent
et, jusqu'à un certain point même, la quantité de métaux
précieux que le commerce pourrait y faire venir des marchés étrangers. Cette notion est depuis longtemps fixée.
Les notions plus particulières et néanmoins très intéressantes qui se dégagent ensuite, c'est que le revenu de la
terre et le salaire de l'ouvrier qui la travaille n'obéissent
pas toujours à la même loi d'accroissement ou de diminution, que l'augmentation de la population a, en plusieurs circonstances, fait renchérir les denrées et réduit
les salaires, qu'une élévation rapide du prix des choses
peut empirer la condition des salariés, que la terre est,
malgré des variations accidentelles, la propriété dont la
valeur s'est le plus accrue depuis quatre siècles.

Pour que l'histoire et l'économie politique profitent
complètement des travaux de MM. d'Avenel et Zolla, il
est nécessaire que leur œuvre soit publiée tout entière,
après qu'ils l'auront revisée. Dans le résumé que je
viens de présenter à la Société nationale d'agriculture, je
me suis proposé seulement de donner un aperçu sommaire
des principaux résultats qui intéressent l'agronomie.

APPENDICE

PREMIÈRE PARTIE

Tableaux extraits des deux Mémoires de M. le Vᵗᵉ d'Avenel.

I

VALEUR MOYENNE DU MARC D'ARGENT FIN EN LIVRES-MONNAIE
ET DE LA LIVRE TOURNOIS EN FRANCS (1).

PÉRIODES.	PRIX DU MARC D'ARGENT (245 grammes) en LIVRES TOURNOIS.	VALEUR de la LIVRE TOURNOIS en grammes d'argent.	VALEUR de la LIVRE TOURNOIS en francs actuels.
1° De 1200 à 1601.			
1200—1225	2 l. 10 s.	98 gram.	21 fr. 77 c.
1226—1290	2 14	90 —	20 »
1291—1300	3 8	72 —	16 »
1301—1320	4 »	60 —	13 40
1321—1350	4 8	55 —	12 25
1351—1360	7 8	33 —	7 26
1361—1389	6 »	40 —	8 90
1390—1410	7 4	34 —	7 53
1411—1425	7 18	31 —	6 85
1426—1445	8 8	29 —	6 53
1446—1455	9 8	26 —	5 69
1456—1487	10 5	24 —	5 29
1488—1511	11 13	21 —	4 64
1512—1540	13 12	18 —	3 92
1541—1560	16 »	15 —	3 34
1561—1572	17 10	14 —	3 11
1573—1579	18 17	13 —	2 88
1580—1601	21 »	11 g. 50 c.	2 57
2° De 1602 à 1790.			
1602—1614	22 l. 16 s.	10 g. 75 c.	2 fr. 39 c.
1615—1635	26 2	9 36	2 08
1636—1642	29 11	8 28	1 84
1643—1650	29 18	8 19	1 82
1651—1675	33 8	7 53	1 63
1676—1700	36 14	6 66	1 48
1701—1725 (2)	44 12	5 49	1 22
1726—1758	57 6	4 27	0 95
1759—1790	60 »	4 05	0 90

(1) La base de ces évaluations est la division de 245 grammes, poids du marc d'argent, par son prix. Le quotient représente le nombre de grammes d'argent fin contenus dans la livre de compte, et le rapport de ce nombre à 4 gr. 50 (poids du franc actuel) est exactement la valeur de la livre en francs. Si la livre contient 98 grammes d'argent, le franc pesant 4 gr. 1/2, la livre vaut 21 fr. 77 ; ainsi de suite.

(2) De 1718 à 1720 le taux officiel du marc varia de 65 l. à 150 l. ; par suite la livre officielle aurait valu 0,77 à 0,35.

II

VALEUR COMMERCIALE DE QUELQUES MONNAIES ROYALES
EXPRIMÉE EN LIVRES TOURNOIS, BONNE MONNAIE.

NOMS des MONNAIES.	DATES.	VALEUR en LIVRES TOURNOIS.			NOMS des MONNAIES.	DATES.	VALEUR en LIVRES TOURNOIS.		
Ecu (d'or)	1360	1 l.	2 s.	» d.(1)	Franc d'or ou				
»	1385	1	2	6	florin	1397	1 l.	» s.	» d.
»	1406	id.			Royal d'or ou				
»	1420	id.			Réal	1437	1	10	»
»	1427	1	5	»	»	1460	1	16	»
»	1447	1	7	»	»	1475	2	»	»
»	1473	1	10	»	Mouton (d'or)	1380	1	5	»
»	1487	1	15	»	»	1417	1	8	»
»	1519	2	»	»	Salut (d'or)	1430	1	8	»
»	1533	2	5	»	Teston (argent)	1513	»	10	»
»	1550	2	10	»	»	1541	»	10	8
»	1575	3	»	»	»	1543	»	11	»
»	1615	3	15	»	»	1550	»	11	4
»	1636	4	14	»	»	1561	»	12	»
»	1640	5	4	»	»	1573	»	13	»
franc d'or ou					»	1577	»	16	»
florin	1380	1	»	»	»	1575	1	»	»

(1) En 1360, l'écu d'or monte à Tours jusqu'à 6 l. (comptes municipaux de Tours, par Delaville Le Roux, I, 138), mais ces 6 l. étaient de la fausse monnaie que l'on ramenait à l'écu pour l'évaluer sûrement.

III

Nous donnons, comme terme de comparaison, le tableau dans lequel M. A. de Foville a résumé, par périodes, les calculs de M. de Wailly sur la livre tournois déduite de la valeur combinée de la monnaie d'or et de la monnaie d'argent au cours légal. (Du calcul de ces moyennes sont exclues les brusques variations ordonnées par plusieurs rois qui ont troublé le commerce, mais qui n'ont pas pu déterminer la véritable valeur d'échange de la monnaie.)

VALEUR MOYENNE DE LA LIVRE TOURNOIS, D'APRÈS M. DE WAILLY.

PÉRIODES.	VALEUR de la LIVRE TOURNOIS.	PÉRIODES.	VALEUR de la LIVRE TOURNOIS.
	fr. c.		fr. c.
1258—1278	20.26	1533—1541	4.38
1278—1295	20 »	1543—1549	4.24
1330—1337	18.32	1550—1561	4.06
1360—1369	10.82	1561—1568	3.70
1389—1394	9.88	1580—1602	3.15
1394—1405	9.81	1602—1615	2.92
1405—1411	9.78	1615—1630	2.70
1413—1417	6.¨4	1636—1640	2.02
1437—1448	6.¨8	1641—1652	1.98
1450—1456	7.12	1656—1666	1.94
1456—1465	7.01	1666—1696	1.88
1465—1471	6.98	1696—1700	1.52
1475—1487	6.02	1709—1713	1.25
1488—1493	5.57	1726—1785	1.02
1493—1513	5.47	1785—1795	0.99
1521—1533	4.73		

IV

PRIX ET REVENUS DES TERRES (L'HECTARE) ET DES MAISONS DÉDUITS

PÉRIODES.	TERRES LABOURABLES.		PRÉS.		VIGNES.		BOIS.	
	Prix.	Revenu.	Prix.	Revenu.	Prix.	Revenu.	Prix.	Revenu.
							1° De 1200	
1190—1225	135	13.50	428	42	387	38	63	6
1226—1250	232	23.50	354	35	600	60	70	7
1251—1275	206	20.60	790	79	340	34	96	9
1276—1300	261	26.00	376	37	721	72	100	10
1301—1325	222	22.00	616	61	636	63	104	10
1326—1350	108	10.80	235	23	463	46	52	5
1351—1375	83	8.30	337	33	140	14	84	8
1376—1400	98	9.80	484	48	420	42	53	4
1401—1425	89	8.90	136	13	376	37	60	5
1426—1450	68	6.80	139	13	218	21	15	1 50
1451—1475	48	4.80	218	21	127	12	»	»
1476—1500	97	8.10	123	10	228	19	55	4
1501—1525	95	8 »	268	22	191	16	70	5
1526—1550	132	11 »	237	19	378	31	90	7
1551—1575	244	17.20	524	37	705	50	130	8
1576—1600	317	19.80	448	28	518	32	200	14
							2° De 1601	
1601—1625	277	14 »	693	34	600	30	190	9.50
1626—1650	308	15.40	675	33	580	29	280	14 »
1651—1675	481	19.20	970	48	860	43	190	8 »
1676—1700	375	18.75	910	45	750	37	275	13 »
1701—1725	265	11.40	670	27	575	23	118	5 »
1726—1750	344	13.75	885	35	1 125	45	238	9 »
1751—1775	545	18 »	1 000	35	1 380	50	350	12 »
1776—1799	764	26 »	1 244	44	1 312	47	400	14 »
1890	1 600	26 »	2 600	86	2 600	115	900	30 »

IV

DES MOYENNES COMBINÉES DE LEUR VALEUR EN CAPITAL ET INTÉRÊTS.

MAISONS A PARIS.		MAISONS DE VILLES DE PROVINCE.		MAISONS DE VILLAGES	
Prix.	Revenu.	Prix.	Revenu.	Prix.	Revenu.
à 1600.	.				
1 356	112	500	41	174	14
1 596	133	1 614	136	188	15
2 510	208	1 885	160	235	19
2 600	216	513	42	143	12
2 045	170	346	29	111	9
3 787	315	237	19	170	14
1 100	91	473	39	162	13
1 560	130	1 000	80	46	4
2 067	172	332	26	87	7
804	67	705	58	149	12
696	58	750	62	146	12
951	80	1 227	102	123	10
2 060	147	1 700	121	207	14
5 133	366	1 470	105	137	10
3 485	249	1 407	100	182	13
7 016	437	1 856	116	263	16
à 1790.					
11 800	590	2 320	116	425	21
34 280	1 769	4 526	226	393	19
40 500	2 250	3 878	193	490	21
32 000	1 600	6 075	303	413	20
22 740	1 137	5 830	296	395	19
29 600	1 480	3 225	160	390	19
33 300	1 665	5 465	278	600	30
73 560	3 678	5 775	288	635	32
260 000	14 300	13 759	588		91
dans les 10 arrondiss. anciens.					moyenne des communes de 5 000 hab. et au-dessus.
				2 129	
130 000	7 000	67 000	4 460		71
dans l'ensemble de la capitale.		ancienne Banlieue annexée.			moyenne des communes de 2 000 hab. et au-dessous.

V

MOYENNES PROVINCIALES DU PRIX ET DU REVENU DE LA

1° de 1200

PÉRIODES.	ILE de FRANCE.		NORMANDIE.		CHAMPAGNE.		FRANCHE-COMTÉ.		LANGUEDOC.		SAINTONGE. AUNIS. ANGOUMOIS.		BOURGOGNE.		BERRY.	
	Prix.	Revenu.	Prix.	Revenu.	Prix.	Revenu.	Prix.	Revenu.	Prix.	Revenu.	Prix.	Revenu.	Prix.	Revenu.	Prix.	Revenu.
1200-1225	190	19	130	13	98	0.80	»	»	»	»	»	»	»	»	»	»
1226-1250	288	28	136	13	464	46	»	»	»	»	»	»	»	»	51	5
1251-1275	250	25	204	20	317	31	»	»	»	»	»	»	»	»	»	»
1276-1300	360	36	290	29	263	26	42	4	198	19	133	13	»	»	»	»
1301-1325	243	24	364	36	226	23	109	10	»	»	57	6	20	2	31	3
1326-1350	157	15	128	12	82	8	20	2	»	»	»	»	13	1.30	67	6
1351-1375	69	6	180	18	53	5	»	»	»	»	»	»	»	»	92	9
1376-1400	116	11	110	11	62	6	18	2	»	»	»	»	»	»	142	14
1401-1425	115	11	86	8	78	7	»	»	»	»	»	»	»	»	45	4
1426-1450	45	4	23	2	75	7	»	»	»	»	»	»	96	9	110	11
1451-1475	54	5	53	5	22	2	»	»	»	»	16	1.60	99	9	19	2
1476-1500	136	11	48	4	67	5	»	»	»	»	36	3	46	4	80	6
1501-1525	90	7	96	8	101	8	120	10	24	2	40	3	24	2	68	5
1526-1550	244	20	109	9	78	6	»	»	»	•	56	5	49	4	85	7
1551-1575	426	30	288	20	192	13	»	»	108	12	247	17	167	12	77	5
1576-1600	371	23	495	30	380	24	»	»	580	36	247	15	158	10	191	13

2° de 1601

PÉRIODES.	ILE de FRANCE.		NORMANDIE.		CHAMPAGNE.		FRANCHE-COMTÉ.		LANGUEDOC.		SAINTONGE. AUNIS. ANGOUMOIS.		BOURGOGNE.		BERRY.	
	Prix.	Revenu.	Prix.	Revenu.	Prix.	Revenu.	Prix.	Revenu.	Prix.	Revenu.	Prix.	Revenu.	Prix.	Revenu.	Prix.	Revenu.
1601-1625	400	20	383	19	313	15	»	»	»	»	395	19	180	9	154	7
1626-1650	380	19	295	14	412	20	»	»	»	»	200	10	»	»	226	11
1651-1675	537	21	520	20	500	20	»	»	»	»	»	»	437	17	261	10
1676-1700	395	19	340	17	478	23	»	»	»	»	180	9	220	11	262	13
1701-1725	309	16	329	13	323	13	»	»	»	»	173	7	175	7	277	11
1726-1750	494	20	461	18	402	16	»	»	»	»	237	9	230	9	225	9
1751-1775	630	22	600	21	585	20	»	»	450	16	325	12	510	18	360	13
1776-1790	1.092	38	853	30	784	27	»	»	669	23	770	27	6?0	22	527	19
1890	2 400	80	2 626	87	1 145	38	1 130	37	1 285	42	1 267	42	1 446	48	1 080	36

V

TERRE LABOURABLE DÉDUITES DE LA VALEUR EN CAPITAL ET INTÉRÊTS.

ORLÉANAIS.		GUYENNE ROUSSILLON.		COMTAT VENAISSIN.		FLANDRE.		LIMOUSIN AUVERGNE.		DAUPHINÉ.		PICARDIE ARTOIS.		MAINE.		ALSACE-LORRAINE.	
Prix.	Revenu.	Prix.	Revenu.	Prix.	Revenu.	Prix.	Revenu.	Prix.	Revenu.	Prix.	Revenu.	Prix.	Revenu.	Prix.	Revenu.	Prix.	Revenu.
à 1600.																	
»	»	»	»	»	»	»	»	»	»	»	»	»	»	»	»	»	»
»	»	»	»	»	»	»	»	»	»	»	»	»	»	»	»	»	»
»	»	»	»	»	»	»	»	»	»	»	»	»	»	»	»	»	»
»	»	»	»	»	»	87	7	»	»	»	»	»	»	»	»	46	4
»	»	»	»	»	»	»	»	»	»	»	»	»	»	»	»	»	»
»	»	»	»	»	»	»	»	»	»	»	»	»	»	»	»	»	»
43	4	»	»	»	»	»	»	»	»	»	»	»	»	»	»	»	»
16	1.6	»	»	261	26	»	»	»	»	»	»	»	»	»	»	120	12
18	1.8	»	»	»	»	»	»	»	»	»	»	»	»	»	»	105	10
92	9	75	7	11	1	24	2	»	»	»	»	»	»	»	»	»	»
37	3	55	5	161	16	»	»	39	4	10	1	»	»	»	»	»	»
122	10	»	»	84	7	»	»	»	»	»	»	»	»	»	»	»	»
66	5	»	»	»	»	»	»	94	8	48	4	»	»	»	»	»	»
126	10	»	»	222	18	303	25	60	5	»	»	127	10	»	»	»	»
175	12	»	»	370	26	308	22	244	17	61	4	117	8	325	23	»	»
210	15	»	»	340	24	176	11	196	17	140	8	168	10	257	16	430	26
à 1790.																	
308	15	»	»	463	23	»	»	333	16	79	4	»	»	168	8	297	14
302	15	»	»	700	35	»	»	353	17	169	8	331	16	327	16	300	15
335	14	»	»	658	26	847	34	»	»	325	13	434	17	504	20	400	16
399	19	380	19	736	36	453	22	»	»	394	19	460	23	339	16	360	18
275	11	250	10	650	26	»	»	»	»	240	10	193	8	247	10	150	6
»	»	»	»	»	»	494	20	»	»	240	9	335	13	»	»	327	13
580	20	»	»	610	21	1 069	37	»	»	»	»	530	19	540	19	440	15
630	22	»	»	1 090	38	1 244	43	»	»	526	19	745	26	630	22	460	16
1 500	50	850	28	1 400	46	4 800	160	1 144	38	1 240	41	2 800	93	1 900	63	1 350	45

VI

MOYENNES PROVINCIALES

PÉRIODES.	ILE-DE-FRANCE.	PICARDIE.	NORMANDIE.	AUNIS, SAINTONGE.	BERRI.	POITOU.	ANJOU ET MAINE.	ORLÉANAIS.	CHAMPAGNE.	DAUPHINÉ.	COMTAT-VENAISSIN
								1° De 1201			
1201—1225	4.68	4.77	2.89	»	»	»	»	»	3.48	»	»
1226—1250	»	4.12	3.37	»	»	»	»	»	3.60	»	»
1251—1275	3.41	11.17	4.93	»	»	»	»	»	4.09	»	»
1276—1300	4.30	9.27	4.22	»	»	»	»	»	3.53	»	»
1301—1325	13.97	»	7.00	2.47	»	»	»	»	»	»	»
1326—1350	7.43	»	5.21	»	»	»	4.78	3.61	8.22	2.96	»
1351—1375	13.31	»	3.39	»	»	»	»	8.09	6.50	»	»
1376—1400	4.10	»	3.78	»	3.03	»	»	3.98	»	17.60	»
1401—1425	16 »	»	2.76	»	»	»	»	7.07	14.83	»	»
1426—1450	6.21	4.42	3.77	»	»	»	»	9.46	3 62	»	»
1451—1475	1.72	4.89	1.72	7.97	»	»	»	4.49	»	9.05	»
1476—1500	2.90	4.27	2.41	16.33	»	»	»	4.91	»	7.08	11.65
1501—1525	3.80	»	1.68	»	1.86	»	»	6.94	»	2.51	»
1526—1550	4.79	»	3.23	1.77	3.81	16.	»	6.76	»	21.15	»
1551—1575	11.09	»	5.38	23.99	»	23.69	»	11.32	»	14.09	»
1576—1600	19.31	»	6.78	51.35	8.	»	»	15.44	28.95	18.41	»
								2° De 1601			
1601—1625	12.05	»	9.73	9.03	»	»	»	8.73	12.20	22.40	20 »
1626—1650	16.65	14.99	11.31	11.66	3.60	7.30	»	9.30	14.85	29.94	19.80
1651—1675	13.05	13.20	8.67	12.77	»	»	38.35	12.80	19.60	16.27	14.33
1676—1700	14.48	8.96	12.53	12.30	19.80	»	14 »	11.20	16.85	29 »	7 »
1701—1725	25.03	14.13	15.71	11.50	18 »	»	36 »	14.23	18.20	12.67	26.93
1726—1750	9.71	9.59	11.83	6.92	11.40	»	15.45	7.80	12.35	»	6.95
1751—1775	11.73	11.43	12.22	13.20	18.31	11.48	23.92	10.30	9.60	»	13.44
1776—1790	13.86	13.83	15.17	18.60	13.24	15.52	20.09	14.25	17.45	20.15	16.06
1890	»	»	»	»	»	»	»	»	»	»	»

(1) Ces provinces ne sont plus citées à partir de 1600.

VI

ET GÉNÉRALES DU PRIX DU BLÉ.

BOURGOGNE.	LORRAINE.	ALSACE.	FLANDRE.	LANGUEDOC.	LIMOUSIN.	FRANCHE-COMTÉ.	ROUSSILLON.	BRETAGNE.	PROVENCE.	ARTOIS.	MOYENNES GÉNÉRALES.
à 1600											
»	»	5.21	»	5.21	»	»	»	»	»	»	3.80
,	»	»	»	»	»	»	»	»	»	»	4.12
»	»	3.58	»	5.41	»	»	»	»	»	»	5.80
»	»	4.06	»	9.12	7.81	9.11	»	»	»	»	6.41
»	13.90	27.96	»	12.84	7.85	2.30	»	»	»	»	8.66
»	»	7.60	»	9.36	»	7.06	»	»	»	»	6.70
»	20 »	9.07	»	16.55	6.95	53.92	10.95	»	»	»	9.00
4.60	8 85	4.85	»	4.92	»	»	7.99	»	»	»	4.66
»	»	3.70	»	50.38	9.61	»	10.18	3.28	»	»	7.20
»	10 »	5.62	»	10.97	9.61	»	11.29	»	»	»	6.70
»	4.15	2.79	»	2.75	»	»	6.04	»	»	»	3.25
»	»	4.46	»	4 10	4.11	»	»	»	»	»	4.00
»	»	3.63	»	5.19	24.50	»	»	»	4.82	»	4.00
»	»	6.65	10.80	8.57	»	»	»	»	4.50	»	7.00
»	7.25	12.08	22.43	16.68	21.90	21 »	»	»	»	12 »	12.00
»	11.20	13.40	36.62	30.93	45.57	»	»	»	33.67	»	20.00
							(1)	(1)			
à 1790.							*(GUYENNE ET GASCOGNE.)*				
»	»	12.35	27.50	16.45	»	»	17.90	»	»	»	14.25
26.41	5.26	22 »	36.85	20.95	»	»	12.79	»	»	»	19 »
31.07	»	8.05	25.65	20.30	»	»	17.38	»	»	»	16 »
9.50	21.30	12.85	10.60	18.05	»	»	10.43	»	»	»	13.50
13.70	»	13.30	11.45	18.55	»	»	10.51	»	»	»	14.80
9.95	»	9.65	8.25	15.00	»	»	7.95	»	»	»	11.00
11.65	»	11.45	9.90	13.80	»	»	11 65	»	»	»	13.25
15.32	13.70	16 »	13.45	17.77	»	»	15.00	»	»	»	15.00
»	»	»	»	»	(1)	(1)	»	»	(1)	(1)	20.00

VII

MOYENNES PROVINCIALES ET GÉNÉRALES DES PRIX DU SEIGLE.

1° de 1201 à 1600.

PÉRIODES.	ILE-DE-FRANCE.	NORMANDIE.	ANJOU et Maine.	ORLÉANAIS.	CHAMPAGNE.	DAUPHINÉ.	ALSACE.	BRETAGNE.	FRANCHE-COMTÉ.	LIMOUSIN.	PICARDIE.	AUNIS et Saintonge.	BERRY et Poitou.	GUYENNE et Gascogne.	LANGUEDOC.	COMTAT-VENAISSIN.	BOURGOGNE.	ARTOIS et Flandres.	MOYENNE générale.
1201-1225	1.90	0.73	»	»	1.86	»	»	»	»	5.85	»	»	»	»	»	»	»	»	1.90
1226-1250	»	»	»	»	3.76	»	»	»	»	»	»	»	»	»	»	»	»	»	3.76
1251-1275	»	2.22	»	»	»	»	»	»	»	»	»	»	»	»	»	»	»	»	»
1276-1300	6.13	»	»	»	»	»	16.77	»	»	»	»	»	»	»	»	»	»	»	6.13
1301-1325	»	»	15.86	»	»	»	»	»	»	»	»	»	»	»	»	»	»	»	»
1326-1350	»	»	»	2.34	»	»	4.67	»	»	»	»	»	»	»	»	»	»	»	»
1351-1375	»	0.77	»	1.09	2.66	»	3.15	1.64	»	15.29	»	»	»	»	»	»	»	»	»
1376-1400	7.99	»	»	5.03	2.76	3.46	3.46	»	»	»	»	»	»	»	»	»	»	»	2.80
1401-1425	2.05	»	»	4.39	»	4.88	2.29	»	»	»	»	»	»	»	»	»	»	»	3.50
1426-1450	»	»	»	4.15	»	4.30	2.56	»	»	7.80	»	»	»	»	»	»	»	»	4.60
1451-1475	»	»	»	4.01	»	2.29	»	»	13.69	12.19	»	»	»	»	»	»	»	»	4.30
1476-1500	»	»	»	»	»	»	»	»	»	»	»	»	»	»	»	»	»	»	3.30
1501-1525	6.20	3.03	»	»	»	3.97	12.17	»	14.65	14.78	»	»	»	18.91	»	15.31	»	»	4 »
1526-1550	20.56	1.48	»	7.11	»	10.30	6.72	»	42.25	21.60	6.79	7.58	3.80	18.95	27.82	11.29	7.17	»	3.30
1551-1575	»	»	»	4.01	»	23.23	2.56	8.55	»	5.39	5.41	»	11.05	16.05	8.45	9.26	39.14	»	»
1576-1600	»	»	»	8.79	»	»	8.55	14.76	»	»	9.65	»	»	13.25	15.28	28.31	»	»	15.70

2° de 1601 à 1790.

PÉRIODES.	ILE-DE-FRANCE.	NORMANDIE.	ANJOU et Maine.	ORLÉANAIS.	CHAMPAGNE.	DAUPHINÉ.	ALSACE.	BRETAGNE.	FRANCHE-COMTÉ.	LIMOUSIN.	PICARDIE.	AUNIS et Saintonge.	BERRY et Poitou.	GUYENNE et Gascogne.	LANGUEDOC.	COMTAT-VENAISSIN.	BOURGOGNE.	ARTOIS et Flandres.	MOYENNE générale.
1601-1625	9.20	»	Cette province n'est plus citée à partir de 1600.	5.75	4.29	15.42	10.88	Cette province n'est plus citée à partir de 1600.	Cette province n'est plus citée à partir de 1600.	»	»	»	»	»	»	»	»	»	10 »
1626-1650	12.25	»		9.05	15.42	24.82	15.42			14.78	6.79	7.58	»	»	»	»	»	»	13 »
1651-1675	11.49	3.54		6.00	7.75	7.96	7.96			»	5.41	»	»	»	»	»	»	»	8.60
1676-1700	»	6.25		7.10	8.18	8.18	7.79			»	9.65	10.58	»	»	»	9.26	»	»	9 »
1701-1725	10.94	»		7.30	7.75	7.27	11.19			21.60	»	12.47	»	»	»	19.16	»	6.97	9 »
1726-1750	»	3.54		5.65	»	11.19	6.47			5.39	8.18	»	10.29	»	»	10.35	»	»	6.70
1751-1775	9.20	9.20		7.55	8.93	6.47	8.55			»	»	»	9.38	16.05	8.45	9.07	9.13	6.97	10.30
1776-1790	8.74	11.05		7.75	10.42	10.42	9.28			»	8.18	»	»	13.25	15.28	7.75	10.46	8.99	10.50
1600	»	»		10 »	»	»	»			»	»	»	»	»	»	»	»	12 »	15 »

VIII

SALAIRES D'OUVRIERS

(SALAIRE PAR JOUR DANS QUELQUES PROFESSIONS INDUSTRIELLES)

PÉRIODES.	Sculpteurs et ébénistes.	Fondeurs et arque- busiers non nourris.	Maréchaux et mineurs nourris.	Tailleurs et pelletiers non nourris.	Couturières.	Boulangers et brasseurs nourris et logés.
1° De 1201 à 1600.						
1201—1225	»	»	»	»	»	»
1226—1250	»	»	»	»	»	»
1251—1275	»	»	»	»	»	»
1276—1300	1. »	»	»	»	»	»
1301—1325	1.10	2.68	0.22	»	0.33	0.33
1326—1350	»	»	»	»	»	0.28
1351—1375	»	»	»	0.89	»	0.34
1376—1400	1.20	2.67	0.27	1.50	0.40	»
1401—1425	1.13	»	»	»	0.25	0.50
1426—1450	1.10	1.70	»	0.70	»	0.34
1451—1475	»	1.30	0.38	0.66	0.23	0.27
1476—1500	1.30	»	0.18	0.55	0.37	0.17
1501—1525	»	2.00	»	»	0.23	0.16
1526—1550	»	»	»	»	0.33	0.21
1551—1575	»	»	0.47	»	»	»
1576—1600	1.55	1.10	0.50	»	»	»

PÉRIODES.		Fondeurs et forgerons (par jour).		Tailleurs et tisserands nourris (par jour).	Couturières et modistes nourries (par jour).	Boulangers et bouchers nourris et logés (par mois).
2° De 1601 à 1790.						
1601—1625		0.80		0.45	0.26	12.48
1626—1650		0.91		0.62	»	»
1651—1675		1.17		0.32	»	13.43
1676—1700		»		0.40	0.31	11.35
1701—1725		»		»	0.26	»
1726—1750		»		0.54	0.15	12.89
1751—1775		0.81		0.62	0.30	9.50
1776—1790	(1)	1.36	(1)	0.75	0.40	16.59

(1) Les salaires de ces ouvriers manquent au mémoire pour cette deuxième partie.

IX

MOYENNES GÉNÉRALES DES SALAIRES AGRICOLES

PÉRIODES.	JOURNALIERS. OUVRIERS AGRICOLES par jour.		MAÇONS non NOURRIS par jour.	Charpentiers non nourris par jour.	JOURNALIÈRES. OUVRIÈRES AGRICOLES par jour.		Domestiq. de ferme (charretiers, bergers, valets de labour) par an.
	nourris.	non nourris			nourries.	non nourries.	
					1° De 1201		
1201—1225	» »	» »	» »	» »	» »	» »	» »
1226—1250	» »	0.65	» »	» »	» »	» »	» »
1251—1275	0.20	0.60	1.09	» »	» »	» »	» »
1276—1300	0.26	0.60	0.95	0.77	» »	» »	45 »
1301—1325	0.30	0.67	0.90	0.92	» »	» »	47 »
1326—1350	0.37	0.80	1.02	1.06	0.22	0.55	55 »
1351—1375	0.45	0.90	1.15	1.17	» »	» »	80 »
1376—1400	0.35	0.73	1.04	0.93	0.30	0.55	66 »
1401—1425	0.40	0.70	1.10	1.08	0.29	0.50	70 »
1426—1450	0.37	0.65	1 »	0.99	0.20	0.46	75 »
1451—1475	0.32	0.60	0.87	0.95	0.22	0.40	57 »
1476—1500	0.30	0.58	0.80	1.06	» »	0.32	50 »
1501—1525	0.30	0.60	0.81	0.82	0.20	0.33	51 »
1526—1550	0.29	0.70	0.98	1.14	0.21	0.37	48 »
1551—1575	0 33	0.75	0.96	1.01	0.18	0.41	44 »
1576—1600	0.36	0.78	1.20	1.19	0.20	0.43	60 »
					2° De 1601		
1601—1625	0.32	0.76	1 »	1 06	0.23	0.45	63 »
1626—1650	» »	0.74	0.90	1.25	0.29	0.53	69 »
1651—1675	0.39	0.80	1.16	1 »	0.30	0.55	80 »
1676—1700	0.43	0.80	1.03	1.20	0.26	0.50	68 »
1701—1725	0.35	0.70	0.98	1 »	0.20	0.37	71 »
1726—1750	0.31	0.68	0.94	0.96	0.22	0.45	55 »
1751—1775	0.37	0.75	0.90	0.92	0.22	0.47	63 »
1776—1790	0.45	0.82	1.15	1.20	0.27	0.50	80 »
1890	1.50	2.50	3.40	3.70	0.90	1.50	350 »

IX

ET DES SALAIRES DE MAÇONS, CHARPENTIERS, PEINTRES, ETC.

Domestiques (hommes) attachés à la personne par an.	Servantes de ferme et d'intérieur par an.	VIGNERONS PAR JOUR		Peintres couvreurs et plâtriers (non nourris) par jour.	SALAIRE annuel du manœuvre (calculé sur 250 j.) non nourri.	SALAIRE annuel de la journalière (calculé sur 250 j.) non nourrie.	PROPORTION du salaire des femmes à celui des hommes.
		nourris.	non nourris.				
à 1600							
» »	» »	» »	» »	» »	135 »	» »	» »
» »	» »	» »	» »	» »	125 »	» »	» »
» »	» »	» »	» »	» »	125 »	» »	» »
» »	» »	» »	» »	1.15	147 »	» »	» »
75 »	» »	0.47	» »	1 »	167 »	» »	» »
» »	24 »	» »	1.04	1.10	200 »	137 »	68 p. 100
» »	» »	» »	» »	1.15	225 »	» »	» »
72 »	37 »	» »	» »	1.10	182 »	137 »	75 »
50 »	40 »	0.35	0.75	1.13	175 »	125 »	71 »
45 »	36 »	0.46	0.87	1.05	162 »	115 »	70 »
» »	24 »	0.52	0.90	1 »	150 »	100 »	66 »
46 »	28 »	0.47	» »	0.95	145 »	80 »	55 »
47 »	19 »	» »	» »	0.86	150 »	95 »	63 »
45 »	30 »	0.50	0.96	0.88	175 »	93 »	53 »
40 »	20 »	0.42	0.86	1 »	188 »	102 »	54 »
50 »	29 »	0.38	0.91	1.17	195 »	115 »	58 »
à 1790							
63 »	42 »	» »	0.98	1.10	190 »	113 »	60 p. 100
66 »	49 »	» »	1.25	1.15	185 »	132 »	71 »
70 »	45 »	0.53	1.07	1.30	200 »	137 »	68 »
54 »	40 »	» »	0.89	» »	200 »	125 »	62 »
55 »	37 »	» »	0.90	1.04	175 »	93 »	54 »
46 »	30 »	0.40	0.80	0.90	170 »	113 »	66 »
50 »	35 »	0.42	0.86	1.12	188 »	117 »	60 »
77 »	42 »	0 50	1.01	1.25	205 »	125 »	60 »
369 »	à la ferme 210 » à la maison 300 »	» »	» »	3.50	750 » (300 journ.)	450 » (300 journ.)	60 p. 100

É. LEVASSEUR.

X

VAÇONS AGRICOLES

	CULTURE des vignes à façon.	LABOURAGE à façon.	FAUCHAGE du grain.	FAUCHAGE de l'herbe.	BATTAGE et vannage d. grain.
PÉRIODES.					

1° de 1201 à 1600.

	l'hectare.	l'hectare.	l'hectare.	l'hectare.	l'hectolitre.
1201—1225	93	»	»	4.40	»
1226—1250	»	»	»	»	»
1251—1275	»	»	4 »	»	3.25
1276—1300	»	»	»	3.53	0.30
1301—1325	»	»	3.50	»	0.35
1326—1330	204	20 »	4 »	3.75	0.30
1351—1375	»	»	5 »	4.40	»
1376—1400	91	»	6 »	»	0.39
1401—1425	190	12 »	4.50	5 »	0.32
1426—1450	210	»	5.50	4 »	0.40
1451—1475	95	»	4 »	3 »	0.28
1476—1500	87	»	5 »	»	0.23
1501—1525	46	»	».	2.50	0.26
1526—1550	65	»	6 »	»	0.30
1551—1575	77	»	»	4 »	0.35
1576—1600	140	11 »	»	7 »	»

2° de 1601 à 1790.

1601—1625	81	»	5.61	7.08	0.17
1626—1650	187	12.13	6.66	»	0.51
1651—1675	152	»	6.66	6.33	0.42
1676—1700	128	17.55	8.05	3.00	0.47
1701—1725	115	»	7.79	6.02	0.32
1726—1750	277	11.58	5.30	3.75	0.36
1751—1775	162	14.91	10.48	»	0.29
1776—1790	189	37.93	14.92	12.45	0.27
1890	»	»	»	»	»

XI

FRAIS DE NOURRITURE

PÉRIODES.	PRIX DES REPAS AUX AUBERGES par tête et par repas.	NOURRITURE D'OUVRIERS à prix fixe par tête et par jour.	PENSION D'ENFANTS en nourrice — par an.
1° de 1201 à 1600			
1201—1225	»	»	»
1226—1250	»	»	»
1251—1275	»	0.30	»
1276—1300	»	»	»
1301—1325	»	0.43	»
1326—1350	»	0.33	45 »
1351—1375	»	0.44	»
1376—1400	0.70	0.37	»
1401—1425	0.65	0.42	23 »
1426—1450	0.80	0.36	46 »
1451—1475	»	0.30	»
1476—1500	0.45	0.32	»
1501—1525	0.55	0.36	»
1526—1550	0.90	0.43	28 »
1551—1575	0.70	0.50	80 »
1576—1600	1.20	0.50	70 »

2° de 1301 à 1790

PÉRIODES.	REPAS AUX AUBERGES PAR PERSONNE		PAR MOIS et PAR TÊTE.
	et par repas.	et par chambre avec la nourriture.	
1601—1625	0.52	1.30	1.43	»
1626—1650	0.69	1.53	»	6.67
1651—1675	0.68	0.74	1.69	»
1676—1700	1.06	»	1.71	3.73
1701—1725	0.93	0.68	0.96	4.94
1726—1750	0.61	»	»	5.71
1751—1775	0.56	0.91	1.40	9.15
1776—1800	1.28	1.53	3.90	»
1890	»	»	»	»

É. LEVASSEUR.

XII

SALAIRE DE LA JOURNÉE DU MANŒUVRE, NON NOURRI,
EXPRIMÉ EN MARCHANDISES DIVERSES

PÉRIODES.	EN LITRES de blé.	EN LITRES de seigle.	EN KILOGS. de bœuf.	EN KILOGS. de porc.	EN LITRES de vin.
1° de 1201 à 1600					
1201—1225	14.20	23 »	1.930	1.720	6.20
1226—1250	12.10	13.30	1.780	1.610	12.10
1251—1275	8.60	10 »	1.780	1.610	9.70
1276—1300	9.20	9.60	2.100	2.180	2.80
1301—1325	7.72	11.10	2.400	2.120	2.62
1326—1350	12 »	16 »	2.580	1.400	4.80
1351—1375	10 »	18 »	3.330	2.560	4.30
1376—1400	16.80	26 »	3.470	1.480	5.30
1401—1425	9.70	20 »	2.590	1.450	5.40
1426—1450	9.60	14 »	2.000	1.620	4.20
1451—1475	18.40	26 »	4.270	2.850	5.70
1476—1500	14.50	19 »	3.220	2.410	6.20
1501—1525	14.60	18 »	2.720	1.870	8.20
1526—1550	10 »	17.50	2.690	1.400	3.10
1551—1575	6.25	8.30	2.500	1.250	6.10
1576—1600	3.90	5 »	1.850	1.140	4 »
2° de 1601 à 1790					
1601—1625	5.30	7.60	2.050	1.520	4.40
1626—1650	3.80	5.60	1.600	1.430	3.30
1651—1675	5 »	9.60	1.660	1.480	8.00
1676—1700	5.90	8.80	2.000	1.900	4 »
1701—1725	4.50	7.70	1.620	1.570	3 »
1726—1750	6.10	10.10	1.780	1.740	4.80
1751—1775	6.10	7.10	1.560	1.340	4.40
1776—1790	5.70	7.80	1.240	1.150	4.10
1890	12.50	20.80	1.560	1.660	6.20

XIII

RAPPORT DU SALAIRE DE L'OUVRIER NOURRI ET DE L'OUVRIER NON NOURRI.

(Aujourd'hui le salaire du journalier (1 fr. 50) représente 60 p. 100 du salaire de l'ouvrier non nourri (2 fr. 50) — la différence entre l'ouvrier nourri et l'ouvrier non nourri est donc de 40 p. 100.)

SALAIRE EXPRIMÉ EN CENTIMES de l'ouvrier.		PÉRIODES.	RAPPORT DU SALAIRE DE L'OUVRIER nourri au salaire de l'ouvrier non nourri; (ce dernier étant représenté par 100.)	PROPORTION DU PRIX DE LA nourriture dans le salaire total représenté par 100.
NOURRI.	NON nourri.			
1° de 1201 à 1600				
20	60	1251-1275	de 66 p. 100	de 33 p. 100
30	67	1301-1325	56 »	44 »
37	80	1326-1350	54 »	46 »
45	90	1351-1375	50 »	50 »
35	73	1376-1400	58 »	42 »
40	70	1401-1425	43 »	57 »
37	65	1426-1450	44 »	56 »
32	60	1451-1475	47 »	53 »
30	58	1476-1500	49 »	51 »
30	60	1501-1525	50 »	50 »
29	70	1526-1550	39 »	41 »
33	75	1551-1575	56 »	44 »
36	78	1576-1600	54 »	46 »
2° de 1601 à 1790.				
32	76	1601-1625	58 »	42 »
»	74	1626-1650	» »	» »
39	80	1651-1675	52 »	48 »
43	80	1676-1700	47 »	53 »
35	70	1701-1725	50 »	50 »
34	68	1726-1750	50 »	50 »
37	75	1751-1775	51 »	49 »
45	82	1776-1800	46 »	54 »

XIV

PRIX DE QUELQUES MÉTAUX (LE KILOGR.)

PÉRIODES.	FER.	CUIVRE.	PLOMB.
	1° de 1200 à 1600.		
1201—1225	»	»	0.40
1226—1250	»	»	»
1251—1275	»	»	»
1276—1300	»	»	»
1301—1325	0.34	»	0.20
1326—1350	»	»	0.78
1351—1375	0.43	»	0.67
1376—1400	0.64	»	0.45
1401—1425	0.78	1.33	0.38
1426—1450	0.75	1.20	0.54
1451—1475	0.45	»	0.34
1476—1500	0.41	1.18	0.64
1501—1525	0.82	0.95	0.61
1526—1550	0.30	1.25	0.46
1551—1575	0.50	1.35	0.36
1576—1600	0.61	1.67	0.52

PÉRIODES.	FER.	ACIER.	CUIVRE.	PLOMB.
	2° de 1601 à 1790.			
1601—1625	0.61	»	2.26	0 54
1626—1650	0.84	»	2.83	0.54
1651—1675	0.32	»	2.56	0.64
1676—1700	0.40	»	2.23	0.53
1701—1725	0.31	0.70	2.38	0.53
1726—1750	0.47	»	2.29	0.53
1751—1775	0.28	1.05	»	0.50
1776—1790	0.51	0.71	2.41	0.76

XV

PRIX DE LA LAINE ET DES TISSUS DE LAINE

DATES.	TISSUS DE LAINE			LAINE	
	LUXE.	ORDINAIRE.	COMMUNE.	BRUTE.	FILÉE.

1° de 1200 à 1600.

	le mètre.	le mètre.	le mètre.	le kilog.	le kilog.
1201—1225	»	»	»	»	»
1226—1250	»	»	3 »	»	»
1251—1275	»	»	»	»	»
1276—1300	20.58	12.33	5.83	»	»
1301—1325	32.11	13.27	6.36	»	»
1326—1350	25.48	13.50	4.58	0.91	»
1351—1375	29.18	14.06	3.22	»	»
1376—1400	37.80	13.63	5.49	»	»
1401—1425	»	11.82	5.12	»	»
1426—1450	20.60	10.98	4.19	»	»
1451—1475	»	10.18	2.62	»	»
1476—1500	»	»	4.14	0.70	»
1501—1525	24.61	»	3.65	»	»
1526—1550	»	12.96	4.72	1 »	»
1551—1575	45.36	10.86	4.64	0.90	»
1576—1600	20.90	15.96	3.42	1.30	»

2° de 1601 à 1790.

1601—1625	21 »	8.80	3.20	»	»
1626—1650	42 »	9.20	2.75	2.50	7.35
1651—1675	28 »	6.50	2.70	1.30	»
1676—1700	»	»	»	2.80	4.60
1701—1725	25 »	6 »	4.50	0.80	»
1726—1750	26 »	9.10	2.60	1.70	3.40
1751—1775	»	»	2.45	1.10	»
1776—1790	15 »	6.60	2.80	1.90	4.70
1890	»	10 »	5 »	»	»

É. LEVASSEUR.

XVI

RAPPORT DES RECETTES ET DES DÉPENSES D'AUTREFOIS AVEC LES

PÉRIODES.	RECETTES.												DÉ-
	Salaire du manœuvre non nourri.	Salaire de la journalière, non nourrie.	Salaire du maçon non nourri.	Pouvoir moyen des recettes.	Pain, Blé 25 p. 100.	Viande 5 p. 100.	Lard, Graisse, 5 p. 100.	Poisson 3 p. 100.	Fromage 1 p. 100.	Beurre 3 p. 100.	Lait 1 p. 100.	Œufs. 2 p. 100.	Huile. 2 p. 100.
1° 1200													
1200-1225	»	»	»	4 »	5.20	5.70	4.80	»	»	»	»	9 »	»
1226-1250	4 »	»	»	4 »	4.80	5.70	4.80	»	»	»	»	»	»
1251-1275	5 »	»	3.10	4.05	3.40	5.70	4.80	»	5.60	»	»	»	»
1276-1300	4 »	»	3.50	3.75	3.10	5.70	5.50	»	5.50	5.90	»	»	3.20
1301-1325	3 70	»	3.70	3.70	2 30	5.70	4.80	3.10	6.70	3.70	»	8.30	2.80
1326-1350	3.10	2.70	3.30	3.03	3 »	5.10	2.60	3.70	3.50	4.50	»	3 »	1.70
1351-1375	2.70	»	2.90	2.80	2.20	5.90	4.20	0.40	»	1.80	»	1.80	1.90
1376-1400	3.40	2.70	3.20	3.10	4.40	7.60	3 »	1.45	2.60	1.55	1 »	4.50	3.20
1401-1425	3.50	3 »	3 »	3.15	2.70	5.90	3.10	1.65	»	2.65	»	5.90	2.50
1426-1450	3.80	3.20	3.40	3.45	3 »	4.80	3.75	2 »	4.50	3.30	»	5.85	1.70
1451-1475	4.10	3.70	3.90	3.90	6.10	11 »	7.10	2.60	»	6.20	4 »	8.30	3.70
1476-1500	4.30	4.60	4.20	4.40	5 »	9.80	7.20	1.70	13.60	5 »	2 »	12 »	4.40
1501-1525	4.10	4.60	4.10	4.25	5 »	7.20	4.80	2.60	2.70	5 »	2.50	7.90	2.10
1526-1550	3.50	4 »	3.40	3.60	2.85	6.10	3 »	1.70	3.50	4.50	2 »	6.60	2.95
1551-1575	3.30	3.70	3.50	3.50	1.65	5.30	2.50	1.60	2.50	3.70	3 »	3.80	1.25
1576-1600	3.20	3.40	2.80	3.10	1 »	3.80	2.20	1.10	1.60	2 »	»	2.50	1.30
2° 1601													
1601-1625	3.20	3.30	3.40	3.30	1.40	4.30	3 »	1.20	2.10	2.30	1.35	3 »	2 »
1626-1650	3.30	2.80	3.70	3.25	1.05	3.40	2.80	» 80	1.55	2.20	1 »	2 »	2.20
1651-1675	3.10	2.70	2.90	2.90	1.20	3.30	2.70	1.05	2 50	2 »	» 90	2.40	1.90
1676-1700	3.10	3 »	3.30	3.10	1.50	4 »	3.50	1 »	1.80	3.80	1.65	2.10	1.90
1701-1725	3.50	4 »	3.40	3.65	1.30	3.80	3.30	2 »	3.75	3.30	1.15	3 »	1.50
1726-1750	3.60	3.30	3.60	3.50	1.90	4.30	4 »	1.80	3.50	2.25	2 »	3.20	1.90
1751-1775	3.30	3.20	3.70	3.40	1.50	3.30	2.60	2 »	2 »	2 »	1.90	2.70	2 »
1776-1790	3 »	3 »	2.90	3 »	1.30	2.40	2.10	1.80	2.35	2 »	1.33	2.40	1.25
1890	1 »	1 »	1 »	1 »	1 »	1 »	1 »	1 »	1 »	1 »	1 »	1 »	1 »

(1) La recette et la dépense actuelles sont représentées pour chaque espèce de salaire ou de consommation par l'unité. Cette unité sert de terme de comparaison avec les mêmes salaires ou consommations aux autres époques. Ainsi, par exemple, le poids d'argent qui sert à payer aujourd'hui la journée du manœuvre non nourri et qui est représentée par 1 aurait payé 4 journées en 1226-1250 et 3.2 journées en 1576-1600 : le poids d'argent qui sert à acheter aujourd'hui 1 kilogramme de pain en aurait acheté 5.2 kilogrammes en 1200-1225 et 1.3 en 1776-1790. Ce

XVI

RECETTES ET LES DÉPENSES D'AUJOURD'HUI (1).

Légumes 4 p. 100.	Épicerie 3 p. 100.	Boissons 6 p. 100.	Vêtements 8 p. 100.	Chaussure 5 p. 100	Linge 2 p. 100.	Loyer 11 p. 100.	ÉCLAIRAGE. Huile 1 p. 100.	Chandelle 1 p. 100.	CHAUFFAGE. Bois à brûler 5 p. 100.	Fagots 1 p. 100.	Rapport du prix de la nourriture seule.	Pouvoir moyen des dépenses.	PÉRIODES.
à 1600.													
5 »	5 »	4.60	1.10	5.70	1.40	5 »	»	»	»	»	5.20	4.67	1200-1225
2 »	»	6.60	1.30	»	»	4.70	»	»	»	»	5 »	4.40	1226-1250
3.20	»	7.80	1 »	»	»	3.70	1.30	1.10	»	»	4.40	3 84	1251-1275
3.80	4 »	2.90	» 85	7.50	1.75	4.90	»	»	»	»	3.92	4 »	1276-1300
3.85	3.30	1.56	» 75	4 »	» 85	7.80	» 90	1.15	6.80	»	3 20	3.60	1301-1325
3.70	2.50	2.30	1.05	6 »	1.05	5 »	1.55	» 40	»	'22 »	3 »	3.46	1326-1350
3.50	1.30	1.90	1.55	5 »	1.85	5.40	» 75	» 50	4.46	8.90	2.70	3.05	1351-1375
2.85	1 »	2.90	» 90	7.80	1.10	7 »	1 »	1.05	6.60	6.20	3.70	4.04	1376-1400
4.60	1.20	3 »	1 »	11 »	2.70	10 »	» 45	1.05	5.70	6.50	3.10	4.30	1401-1425
3 »	1.30	2.60	1.15	10 »	1.20	8.90	1 »	1.20	5.50	8.70	3.70	4.29	1426-1450
5.80	2 »	3.80	1.90	13 »	1.70	5.90	1.60	1.80	8.10	17 »	5.90	5.98	1451-1475
3.50	2.10	4.30	2.15	12 »	3 »	7 »	1.60	» 80	8.80	13 »	5.30	5.72	1476-1500
2.50	2.90	5.40	1.35	11 »	2.40	7 »	1.53	1.60	8.40	18 »	4.65	5 ,	1501-1525
2.85	1.80	1.80	1 »	8.60	1.50	7 »	1.05	1.35	5.40	13.30	3 »	3.75	1526-1550
1.75	1.60	3.20	1.05	9 »	2.40	5.40	» 95	1.15	3.50	6.20	2 »	3.03	1551-1575
1.45	» 35	2.10	1.40	5.50	1.80	4.40	» 35	» 65	2.70	6.50	1.60	2.20	1576-1600
à 1790.													
2.30	» 37	2.30	2.55	5.90	2 »	3.35	» 90	» 90	5 »	5 »	1.98	2.57	1601-1625
1.65	» 28	1.80	1.80	6.20	2.05	3.70	1.20	» 05	3.30	4 »	1.58	2.22	1626-1650
2 »	» 30	2.65	1.80	4.50	2.05	2.90	» 75	» 75	2.75	3 »	1.75	2.09	1651-1675
2.40	» 23	2 »	1.50	4 »	1.85	3.50	» 85	1.10	4.40	3.30	2 »	2.35	1676-1700
2.20	» 20	1.60	1.85	7 »	3 »	3.70	1.25	1.40	5.80	.10	1.86	2.59	1701-1725
2.70	» 30	2.85	2 »	6.90	2.50	3.70	1.10	1.30	4 »	5 »	2.42	2.88	1726-1750
2.30	» 26	2.30	2.05	5.50	1.65	2.30	1 »	» 90	4 »	2 »	1.89	2.34	1751-1775
1.50	» 30	2 »	1.80	6 »	1.90	2.20	1.05	» 80	3 »	1.65	1.62	2.01	1776-1790
1 »	1 »	1 »	1 »	1 »	1 »	1 »	1 »	1 »	1 »	1 »	1 »	1 »	1890

tableau fait donc connaître approximativement le pouvoir de l'argent relativement aux salaires et aux principales consommations des ouvriers.

Les proportions pour 100 qui se trouvent dans les en-tête des colonnes de la dépense indiquent approximativement le rapport de dépense faite pour chaque objet par l'ouvrier avec le total de ses dépenses.

DEUXIÈME PARTIE

Notes relatives aux courbes du prix du blé
de l'an 1200 à l'an 1891.

LE PRIX DU BLÉ

Le prix du blé ne donne pas, ainsi que je l'ai dit, la mesure de la valeur commerciale de l'argent ; mais il a par lui-même une grande importance et mérite une étude spéciale. C'est pourquoi, voulant compléter cette étude sur les prix et en rendre les résultats plus apparents, j'ai transformé en courbe (courbe noire sur la figure) la série des prix annuels que le vicomte d'Avenel a calculés, contrôlé les chiffres à l'aide des séries de prix imprimées ou manuscrites que j'ai pu recueillir moi-même et transformé les séries en courbes (courbes rouges ou bleues sur la figure) afin de faciliter la comparaison, continué la courbe principale (courbe noire) jusqu'en 1891, noté la diversité des prix à une même époque suivant les provinces ou les départements ; enfin j'ai cherché si les années de grande cherté correspondaient aux témoignages que les historiens nous ont laissés et j'ai dressé une liste des disettes sur lesquelles j'ai pu me procurer des renseignements.

Tous les prix qui se trouvent sur la figure de statistique sont ceux de l'hectolitre de froment et sont exprimés en francs à raison de 1 franc pour 4 gr. 50 d'argent fin ; c'est-à-dire que toutes les mesures, quelles qu'elles soient dans le document original, ont été ramenées d'abord à l'hectolitre et que le prix d'une quantité égale à un hectolitre a été compté pour autant de francs qu'il y avait de fois 4 gr. 50 d'argent fin dans la monnaie qui aurait acheté cet hectolitre. Les prix de la figure de statistique sont donc calculés d'après la *valeur intrinsèque* et non d'après la valeur commerciale de l'argent.

Il y a une remarque qui a été faite par M. Doniol et qu'il importe de signaler pour l'intelligence d'une courbe qui s'étend du moyen âge à l'époque contemporaine. Le commerce du blé n'a pas toujours eu la même importance. Aujourd'hui, plus de la moitié et peut-être beaucoup plus de la moitié de la récolte est mise en vente sur les marchés ou autrement. Autrefois, la plus grande partie, on pourrait même dire presque la totalité au XIII° siècle était ou consommée sur place par les cultivateurs ou livrée par eux en nature aux seigneurs ou aux décimateurs; on n'en vendait qu'en très petite quantité dans les campagnes, et les villes étaient beaucoup moins peuplées qu'aujourd'hui; la proportion des acheteurs relativement à la population et des achats relativement à la quantité récoltée était bien moindre. Il devait vraisemblablement en résulter qu'en temps ordinaire le prix, faute de demande et d'activité commerciale, se trouvait déprécié, et qu'en temps de disette, quand la demande affluait sans que l'offre augmentât, la hausse était d'autant plus exagérée.

I

COURBE PRINCIPALE EN NOIR

1° La courbe principale de la figure de statistique placée à la fin de la brochure, courbe imprimée en noir, a été dressée de l'année 1200 à l'année 1890 (série à laquelle il ne manque qne quelques années dans les premiers siècles). Conformément aux tableaux du prix moyen annuel du froment en France que le vicomte d'Avenel a joint à ses deux mémoires et qu'il a résumés par périodes de vingt-cinq ans (voir première partie de l'appendice, tableau n° VI).

Pour certaines années, M. d'Avenel n'a pu recueillir qu'un trop petit nombre d'éléments pour que les prix moyens annuels puissent être considérés comme définitifs. Voici

quelques exemples de cette insuffisance tirés de la période
1355-1361 :

PRIX MOYEN DE L'HECTOLITRE DE BLÉ EN FRANCE

1355. . 4 fr. 85 formé de deux prix (Strasbourg et Béthan-
court [Aisne]).
1357. . 3 fr. 12 un prix (Orléans).
1358. . 44 fr. 09 formé de deux prix (La Loye [Franche-
Comté], Orléans).
1359. . 21 fr. 45 formé de six prix (Alby, Dourdan [Seine-
et-Oise], 2 de Paris, Strasbourg et Orléans).
1360. . 4 fr. 78 formé de trois prix (Paris, Rouen, Alby).
1361. . 17 fr. 57 formé de deux prix (Orléans, Alby).

Cette insuffisance est sensible surtout dans les années où
il y a eu des disettes locales et, par suite, de très grandes
différences de prix d'une province à l'autre. On peut en
juger par les prix suivants à l'aide desquels le vicomte
d'Avenel a calculé les moyennes de quelques années de la
première moitié du xvᵉ siècle :

1428. . Troyes, 3 fr. 62 c. — Orléans, 10 fr. 92 c. —
Alby, 58 fr. 35 c.
1429. . Strasbourg, 6 fr. 40 c. — Orléans, 19 fr. 37. —
Alby, 9 fr. 72. — Caen, 2 fr. 51.
1431. . Paris, 7 fr. 29 c. — Alby, 9 fr. 72 c. — Limoges,
14 fr. 60. — Saint-Léonard (Corrèze), 1 fr. 32 c. —
Strasbourg, 5 fr. 21 c. - Rouen, 5 fr. 83. —
Orléans, 5 fr. 92.

[Les deux prix extrêmes, Limoges et Saint-Léonard, les plus voisins
topographiquement, sont tirés de la même source : *Bull. de la Soc.
archéol. de la Corrèze*, VII, p. 161 et 162.]
[En Angleterre le prix moyen de 1431 à 1440 a été de 5 fr. 34 c.]

1432. . Alby, 10 fr. 48 c. — Limoges, 19 fr. 10 c. — Saint-
Léonard (Corrèze), 6 fr. 67.
1433. . Alby, 8 fr. 76. — Saint-Léonard (Corrèze), 16 fr.

Le défaut de communications a rendu les grandes différences de prix très fréquentes au moyen âge et jusqu'en
1789.

Néanmoins, la série dressée par le vicomte d'Avenel est,
non seulement la plus complète que nous possédions, mais

la seule qui soit établie conformément aux principes de l'érudition historique. Le comte Garnier et M. Pommier, qui ont publié des tables de prix du blé depuis le moyen âge (tables dont nous reproduisons les moyennes décennales), n'indiquent nulle part les sources où ils ont puisé. Le vicomte d'Avenel, au contraire, ne donne que des chiffres dont il fait connaître exactement l'origine. Aussi doivent-ils être acceptés par les historiens et les économistes sinon comme des moyennes toujours appuyées sur une base suffisamment large, du moins comme des prix exacts à une époque de l'année et en un lieu déterminés. De nouvelles recherches pourront, en multipliant les données et en élargissant ainsi les bases, consolider ou modifier les moyennes du vicomte d'Avenel.

Sans doute de pareils essais de moyennes ne répondent pas aux conditions requises par la statistique pour établir des « index numbers ». Sa méthode rigoureuse n'est pas applicable à l'étude historique des siècles passés. Toutefois, les courbes complémentaires par lesquelles j'ai essayé de compléter et de contrôler la courbe principale concordent en général avec celle-ci d'une manière suffisante pour inspirer la confiance dans le plus grand nombre des cas.

2° J'ai continué la série des prix de 1797 à 1891 avec les publications du Ministère de l'Agriculture.

Les prix enregistrés dans ces publications sont de véritables moyennes pour la France entière. Ils ont été calculés par mois et par département d'après les mercuriales des principaux marchés. Ils ont un caractère officiel et, sous le régime de l'échelle mobile, ils ont eu un caractère légal. Quelque critique de détail que certains prix aient pu soulever au moment où ils ont été établis, — je n'ai d'ailleurs connaissance d'aucune de ces critiques, — la moyenne générale repose sur une base de faits assez large et assez solide pour être considérée comme incontestable. Il serait oiseux de faire des recherches dans des publications particulières en vue de confirmer ou d'infirmer ces moyennes.

Les publications d'où sont tirés ces prix sont les *Archives statistiques* (1837), les *Récoltes des céréales et pommes de terre* (1878), les tableaux des prix de *l'hectolitre de froment en France*, de 1801 à 1870 (1872), les deux *Enquêtes décennales* de 1862 et de 1882, le *Bulletin du ministère de l'Agriculture*.

Le ministère de l'Agriculture a publié des enquêtes décennales, autrement dit des statistiques détaillées sur l'agriculture en 1840, en 1852, en 1862 et en 1882. Les deux dernières et surtout la dernière, publiée en 1887 sous le titre de *Statistique agricole de la France (Algérie et colonies). Résultats généraux de l'Enquête décennale de 1882* (1 vol. in-8), contiennent les prix du froment (celle de 1882 contient, p. 62 de l'introduction, le prix de l'hectolitre de froment de 1756 à 1885).

Dans le *Bulletin* publié chaque mois par le ministère de l'Agriculture, direction de l'Agriculture, depuis 1882, un numéro est consacré tous les ans à la statistique agricole annuelle.

Voici, d'après la statistique officielle, les moyennes quinquennales du prix du blé depuis 1801. Elles complètent les moyennes, par période de vingt-cinq ans, qu'a calculées le vicomte d'Avenel (voir dans la première partie de l'appendice le tableau n° VI).

Périodes.	Prix moyen de l'hectolitre de blé.
1801-1805.	21.76
1806-1810.	18.14
1811-1815.	24.08
1816-1820.	25.33
1821-1825.	16.45
1826-1830.	20.25
1831-1835.	18.21
1836-1840.	19.86
1841-1845.	19.61
1846-1850.	19.87
1851-1855.	22.92
1856-1860.	21.76
1861-1865.	20.31
1866-1870.	23.19
1871-1875.	25.37
1876-1880.	22.36
1881-1885.	19.48
1886-1890.	18.28

Le volume des *Archives statistiques du ministère des Tra-*

vaux publics, de l'Agriculture et du Commerce, publié par le Ministre secrétaire d'État de ce département en 1837 et préparé par les soins du bureau de la statistique générale de France (créé en 1834) renferme, entre autres documents relatifs aux céréales, la série des prix par département, de 1797 à 1835.

Un autre volume publié par le ministère de l'Agriculture et du Commerce en 1872 et intitulé : *Tableaux des prix mensuels et annuels de l'hectolitre de froment en France, par département, depuis le 1er vendémiaire an IX* (22 septembre 1800) *jusqu'au 31 décembre 1870*, contient la série complète des prix du blé de 1801 à 1870.

On lit dans l'introduction des *Archives statistiques* :

« Depuis 1806, les mercuriales sont recueillies deux fois par mois, non seulement dans les chefs-lieux des départements et arrondissements, mais dans tous les marchés principaux de chaque contrée. De la réunion de ces documents se forment les prix moyens et des tableaux mensuels : il serait inutile de publier tout ce volumineux recueil ; mais il n'est pas sans intérêt d'observer à quelles époques, et par quelles gradations, dans chaque département, les prix du blé se ressentent de la succession d'une récolte abondante à une mauvaise, et réciproquement. Cette considération engage à donner les états mensuels des années 1813, 1817, 1818, 1827, où les changements dans le cours des grains sont très marqués. »

Plus tard, l'administration reconnut qu'il y avait intérêt à publier la série tout entière des documents relatifs aux quantités récoltées depuis l'année 1815. Dans le rapport qui sert d'introduction au volume intitulé : *Récoltes des céréales et des pommes de terre* et publié en 1878, on lit :

« La Direction de l'Agriculture possède sur les céréales des renseignements très complets et très détaillés qui remontent à l'année 1815. J'ai pensé qu'il y aurait un sérieux intérêt à réunir ces documents, sous forme de tableaux, en un seul volume qui, reliant entre elles les différentes statistiques publiées jusqu'à ce jour, porterait à la connaissance du public une série non interrompue de renseignements de nature à permettre de suivre les diverses phases de la production, pendant les soixante dernières années. Cette publication, qui rétablit pour ainsi dire le passé agricole de la France, présente en outre l'avantage de préserver de toute chance de destruction des documents qu'il serait matériellement impossible de reconstituer.

« Ainsi que son titre l'indique, le volume contient les résumés des rapports adressés annuellement par les préfets depuis 1815 jusqu'à 1876 inclusivement, à l'exception des années 1819 et 1870; les documents concernant l'année 1819 n'ont pu être retrouvés; quant à l'année 1870, les événements ont empêché les administrations locales de recueillir aucun renseignement sur les récoltes. »

II

COURBES COMPLÉMENTAIRES

1° *Prix et essais de moyennes de 1301 à 1325,*
par province, d'après le vicomte d'Avenel.

(Voir les chiffres dans le tableau n° IV de la première partie de l'appendice.)

2° *Moyennes par périodes, de 1322 à 1785.*

Ces moyennes sont tirées de la table que le comte Garnier a insérée dans la traduction des *Recherches sur la nature et les causes de la richesse des nations*, par Adam Smith, tome I, pp. 331 et 332 (édition Guillaumin, 1843). Le comte Garnier, qui a publié cette table en 1821, rappelle qu'on a dressé avant lui plusieurs tables du prix des grains, que la plus récente est celle qu'a donnée Arnould, auteur de la *Balance du Commerce*, et que celui-ci déclare l'avoir copiée sur la table de Messance (prix du froment de première qualité vendu sur le marché de Paris de 1674 à 1763), mais que le prix de Paris, dont le gouvernement surveillait tout particulièrement l'approvisionnement, ne représente pas le prix moyen en France. Le comte Garnier déclare s'être servi de la table de Dupré de Saint-Maur, mais il ne dit pas à quelles autres sources il a puisé. Il se contente d'affirmer « qu'aucuns soins n'ont été négligés pour que la table qu'il donne fût aussi étendue et aussi exacte que possible ». Il en a retranché à dessein les années de cherté excessive.

La table du comte Garnier s'étend de 1202 jusqu'en 1785 avec quelques lacunes. Elle est établie d'après le prix annuel du setier avec des moyennes décennales. Ce sont ces moyennes décennales, traduites en prix de l'hectolitre et exprimées en monnaie actuelle, qui se trouvent dans le tableau suivant et sur la courbe.

PRIX DE L'HECTOLITRE DE BLÉ CALCULÉ D'APRÈS LE PRIX DU SETIER DONNÉ DANS LE TABLEAU DU COMTE GARNIER.

Années.	francs.	Années.	francs.
1202 — 1322. . .	5,47	1606 — 1615. . .	11,73
1323 — 1341. .	5,21	1616 — 1625. . .	13,30
1342 — 1365. . .	5,12	1626 — 1635. . .	17,81
1366 — 1405. . .	4,59	1636 — 1645. . .	15,02
1406 — 1432. . .	6,82	1646 — 1655. . .	20,46
1433 — 1447. . .	7,76	1656 — 1665. . .	21,41
1448 — 1464. . .	5,37	1666 — 1675. . .	11,70
1465 — 1475. . .	2,00	1676 — 1685. . .	16,05
1476 — 1489. . .	3,64	1686 — 1695. . .	15,82
1490 — 1510. . .	2,52	1696 — 1705. . .	16,45
1511 — 1524. . .	5,20	1706 — 1715. . .	18,62
1525 — 1534. . .	6,68	1716 — 1725. . .	11,54
1535 — 1545. . .	6,66	1726 — 1735. . .	9,98
1546 — 1559. . .	8,14	1736 — 1745. . .	12,11
1560 — 1570. . .	12,06	1746 — 1755. . .	11,75
1571 — 1580. . .	14,86	1756 — 1765. . .	11,30
1581 — 1595. . .	21,54	1766 — 1775. . .	17,98
1596 — 1605. . .	15,83	1776 — 1785. . .	14,08

3° *Prix et essais de moyennes de 1376 à 1400, par province, d'après le vicomte d'Avenel.*

(Voir les chiffres dans le tableau n° IV de la première partie de l'appendice.)

4° *Prix du froment payé à diverses époques par le chapitre de Notre-Dame de Paris.*

(Années 1346, 1357, 1419, 1431, 1452, 1463, 1464, 1465, 1470, 1474, 1481, 1482, 1485, 1486, 1487, 1489, 1492, 1500.) Recueilli au XVIII° siècle par le chanoine Sarrasin dont le manuscrit appartient aux Archives nationales (Section historique, LL, 240), le texte de Sarrasin (*de blado*) a été publié par M. Grassoreille dans le *Bulletin de la Société de l'Histoire de Paris et de l'Ile-de-France* (année 1880). Toute-fois les prix calculés par M. Grassoreille ne concordent pas exactement avec ceux que j'ai trouvés pour les années 1346 à 1500.

C'est pourquoi je n'ai pas prolongé les calculs au delà de l'an 1500. Le tableau suivant fait connaître le prix de l'hectolitre d'après les deux calculs, celui de M. Grassoreille jusqu'en 1725 (c'est à cette date que s'arrêtent les renseignements du chanoine Sarrasin) et le mien. Ce sont les prix résultant de ce dernier calcul qui figurent sur la courbe.

A partir du xvi° siècle, nous possédons régulièrement tous les prix de la Halle de Paris, qui sont préférables aux indications des chanoines pour établir une moyenne.

PRIX DE L'HECTOLITRE DE BLÉ TIRÉ DU MANUSCRIT DU CHANOINE
DE PARIS, SARRASIN

Années.	D'après M. Grassoreille.	D'après mon calcul.	Années.	D'après M. Grassoreille.	
1346	8,88	7,19	1570	9,60	»
1357	4,90	4,52	1579	12,20	»
1419	9,70	7,89	1581	9,60	»
1431	14,30	18,40	1583	14,10	»
1435	7,60	»	1584	21,15	»
1452	3,15	2,56	1589	14,10	»
1463	1,57	2,24	1590	21,15	»
1464	»	1,12	1601	12,20	»
1465	»	2,23	1603	14,75	»
1470	»	1,59	1617	10,80	»
1474	2,35	»	1622	13,45	»
1481	»	5,24	1627	16,65	»
1482	»	7,71	1632	21,15	»
1485	»	3,25	1643	23,70	»
1486	»	6,02	1651	26,35	»
1487	»	3,66	1656	13,45	»
1489	»	2,73	1661	31,40	»
1492	»	2,62	1679	31,40	»
1500	4,80	1,75	1691	9,60	»
1524	2,49	»	1693	21,16	»
1525	3,20	»	1709	46,75	»
1535	5,70	»	1712	12,50	»
1543	8,35	»	1722	8,35	»
1545	8,30	»	1725	15,35	»
1566	23,00	»			

5° *Prix et essais de moyennes de 1501 à 1525,
par province, d'après le vicomte d'Avenel.*

(Voir les chiffres dans le tableau n° IV de la première
partie de l'appendice.)

Voici les éléments à l'aide desquels M. le vicomte d'Avenel a établi les moyennes des deux provinces qui représentent, durant cette période, le maximum et le minimum du prix :

1501-1525.

LIMOUSIN	NORMANDIE
Brive (Corrèze) en 1523. 24 fr. 50 (Dans l'année 1523, le blé valut à Agen 28 fr. 25 l'hectolitre ; c'était donc bien le prix de la région cette année-là ; mais ce n'est pas une moyenne pour la période de 25 ans dans le Limousin.)	Silli (Orne) en 1506. 1 fr. 80 Caen — 1510. 1 fr. 50 Caen — 1520. 1 fr. Caen — 1521. 2 fr. 51 Caen — 1522. 1 fr. 71

6° *Prix du froment à la Halle de Paris, de 1520 à 1630.*

ANNÉES.	MOIS.	PRIX DU SETIER		PRIX DE L'HECTOLITRE en centigrammes d'argent fin.
		EN LIVRES, sous et deniers parisis.	en CENTIGRAMMES d'argent fin.	
1521	Janvier. . .	33	3.055	2,599
	Avril. . . .	34	3.995	2,561
	Juillet. . . .	33	3.877	2,483
	Novembre..	72	3.995	2,561
1630	Janvier. . .	11,12	15.590	9,992
	Avril. . . .	12,15	17.136	10,984
	Juillet. . . .	13	17.472	11,200
	Novembre..	22	29.568	18,952

Ces prix sont tirés d'un mémoire intitulé *Une Méthode pour mesurer la valeur de l'argent* que j'ai publié dans le *Journal des Économistes* de 1856 et dont le tableau est reproduit en appendice à la fin du premier volume de l'*Histoire des classes ouvrières en France*. Les registres manuscrits de la Halle de

Paris se trouvent aux Archives nationales (Section historique, KK, 962). Ils commencent en 1520 (les prix que j'ai
donnés sur les courbes pour les années 1508-1513 sont tirés
du mémoire de Leber sur l'*Appréciation de la fortune privée ;*
plusieurs se rapportent à la Halle de Paris) et se continuent
jusqu'à la Révolution. Dans *Une Méthode pour mesurer la
valeur de l'argent*, les prix sont indiqués comme de 1520 à
1630, à raison de quatre prix par an :

PRIX MOYEN ANNUEL EXPRIMÉ EN FRANCS (VALEUR INTRINSÈQUE ACTUELLE
DE L'HECTOLITRE DE FROMENT A LA HALLE DE PARIS

ANNÉES.	PRIX moyen annuel	ANNÉES.	PRIX moyen annuel.	ANNÉES.	PRIX moyen annuel.	ANNÉES.	PRIX moyen annuel.
1521	7,19	1549	7,56	1577	14,15	1604	18,67
1522	11,67	1550	9,31	1578	11,20	1605	15,79
1523	3,83	1551	8,96	1579	9,88	1606	16,80
1524	8,85	1552	10,65	1580	10,50	1607	16,50
1525	8,03	1553	8,83	1581	11,65	1608	27,97
1526	4,08	1554	6,83	1582	12,12	1609	20,31
1527	4,00	1555	6,91	1583	17,12	1610	17,50
1528	6,90	1556	8,99	1584	15,15	1611	14,26
1529	10,28	1557	11,54	1585	14,15	1612	18,21
1530	9,04	1558	7,31	1586	24,33	1613	16,59
1531	12,45	1559	8,14	1587	37,20	1614	18,31
1532	10,90	1560	8,79	1588	13,66	1615	17,37
1533	6,28	1561	9,88	1589	18,48	1616	17,15
1534	5,27	1562	13,35	1590	36,19	1617	22,56
1535	6,11	1563	14,27	1591	52,53	1618	28,37
1536	7,65	1564	8,23	1592	32,77	1619	19,74
1537	5,93	1565	13,09	1593	30,78	1620	17,59
1538	5,71	1566	14,94	1594	25,20	1621	19,71
1539	9,16	1567	15,80	1595	22,51	1622	25,60
1540	6,20	1568	15,80	1596	21,72	1623	26,00
1541	6,11	1569	10,56	1597	31,09	1624	22,13
1542	6,82	1570	10,49	1598	24,83	1625	24,56
1543	5,97	1571	13,48	1599	25,05	1626	35,88
1544	8,77	1572	16,83	1600	16,10	1627	31,03
1545	10,84	1573	28,47	1601	14,13	1628	23,09
1546	14,05	1574	24,93	1602	13,70	1629	22,30
1547	6,82	1575	14,09	1603	18,88	1630	28,40
1548	6,24	1576	14,22				

7° *Moyennes par période de 1555 à 1745 et de 1755 à 1775.*

Ces moyennes sont tirées du tableau inséré par M. Pommier dans l'article « Grains » du *Dictionnaire du commerce et des marchandises* (2ᵉ édition, 1852) et reproduit dans le *Dictionnaire universel théorique et pratique du commerce*, quoique dans ce dernier ouvrage le rédacteur ne dise pas d'où il a tiré son tableau. M. Pommier ne donne aucune indication sur les sources où il a puisé. Quoique ses chiffres ne concordent pas exactement avec ceux du comte Garnier traduits en prix de l'hectolitre (probablement par suite de différences dans la manière de calculer qui m'échappent), il me paraît évident que ces prix, au moins avant 1560, ont été pris dans la table du comte Garnier à laquelle M. Pommier a ajouté quelques années (par exemple les années 1343, 1350, 1351, 1439) qu'avait éliminées à dessein le comte Garnier à cause du haut prix du blé. Il y a, dans la table de M. Pommier, une lacune de 1746 à 1755 qui ne peut provenir que d'une omission (la même lacune se retrouve dans le *Dictionnaire universel...*). Cette lacune n'existe pas dans la table du comte Garnier.

PÉRIODES.	MOYENNES.	PÉRIODES.	MOYENNES.
1555-1564	11.36	1676-1685	12.36
1565-1574	18.40	1686-1695	19.81
1575-1585	11.65	1696-1705	16.72
1586-1595	33.32	1706-1715	17.17
1596-1605	17.32	1716-1725	21.83
1606-1615	13.31	1726-1735	10.70
1626-1635	15.35	1736-1745	15.66
1636-1645	20.50	1746-1755	18.92
1646-1655	15.43	1756-1765	»
1656-1665	21.45	1766-1775	10.69
1666-1675	22.41	1776-1785	15.92

8° *Prix et essais de moyennes de 1576 à 1600,
par province, d'après le vicomte d'Avenel.*

(Voir les prix dans le tableau n° IV de la première partie de l'appendice.)

Voir à la page suivante les éléments avec lesquels le vicomte d'Avenel a formé les moyennes des Flandres, Provence, Champagne et Normandie pour la période 1576-1600.

9° *Prix du marché de Rozoy-en-Brie de* 1596 *à* 1745.

Dupré de Saint-Maur a donné en appendice, à la fin de son ouvrage, un tableau les variations du prix du blé et de l'avoine sur le marché de Rozoy-en-Brie, de 1596 à 1745.

L'extrait suivant donne l'idée de la manière dont Dupré de Saint-Maur a dressé sa table (1).

Années.	Jours des marchés et mois.	Prix du setier du plus beau blé vendu à Rozoy-en-Brie.		Prix du setier de la meilleure avoine vendue à Rozoy.
		Mesure de Rozoy. liv. s.	Mesure de Paris. liv. s.	Mesure de Paris liv. s.
	7 janvier .	6.	7.04	3.04
1600	2 avril . .	5.12	6.14 4ᵈ 4/5	3.12
	1 juillet..	6.04	7.08 9 3/5	4.08
	7 octobre.	6	7.04	5.12

J'ai calculé la moyenne des quatre prix de chaque année et transformé le prix du setier en prix de l'hectolitre exprimé en monnaie actuelle.

(1) Il paraît que le document original n'a pas été conservé dans les archives de la commune de Rozoy. M. Josseau, membre de la Société nationale d'agriculture, a bien voulu prier M. Lepâtre, secrétaire de la Société d'agriculture de Rozoy-en-Brie, de faire des recherches à ce sujet; M. Lepâtre n'a pas trouvé de documents sur le prix du blé antérieurs à l'an XIII.

ANNÉES.	FLANDRES.	PROVENCE.	CHAMPAGNE.	NORMANDIE.
	fr. c.	fr. c.	fr. c.	fr. c.
1575	Lille.... 26.70			Caen.... 4.75
1576	Lille.... 25.65			Caen.... 8.10
1577	»			Caen.... 8 »
1578	»			Caen.... 5.19
1579	Lille.... 21.55			Cuverville (Eure). 3.25
1581	— 24.63			Caen.... 6.80
1583	— 49.45			
1586	Hazebrouck.. 98.60			
1587	Lille.. 64.10			
1588	— 43.03	Réauville.. 23.65		
1590	— 17.41	Marseille.. 34.90		
1592	— 29.67	Marseille.. 66.65		
1593	— 21.97			
1594	— 38.83	Marseille.. 9.50		
1595	— 68.13		Meaux... 38.41	
1596	Hazebrouck.. 53.78		Rozoy-en-Brie. 33.20	
1597	Hazebrouck.. 56.77			
1598	Lille.... 44.70		Rozoy-en-Brie. 21.40	
1599	Lille.. 31.57			
1600	Hazebrouck.. 26.65		Rozoy-en-Brie. 11.53	Caen.... 8.20

PRIX DU BLÉ DE PREMIÈRE QUALITÉ SUR LE MARCHÉ
DE ROZOY-EN-BRIE

(d'après Dupré de Saint-Maur.)

ANNÉES.	PRIX MOYEN DU SETIER (setier de Paris)(1) en livres tournois du temps.	PRIX MOYEN le l'hectolitre en francs.	ANNÉES.	PRIX MOYEN DU SETIER (setier de Paris) en livres tournois du temps.	PRIX MOYEN de l'hectolitre en francs.
1596	17.6C	36.09	1632	15.07	25.21
1597	15.59	31.75	1633	10.58	17.33
1598	13.57	27.90	1634	8.89	14.57
1599	6.87	14.11	1635	9.58	15.71
1600	6.82	12.96	1636	11.10	16.02
1601	6.57	12.52	1637	10.61	15.31
1602	6.28	11.97	1638	9.07	13.08
1603	8.59	16.38	1639	8.87	12.79
1604	7.12	13.57	1640	8.89	11.73
1605	6.11	11.59	1641	11.80	15.26
1606	7.07	13.49	1642	11.82	15.30
1607	7.08	13.51	1643	17.31	22.19
1608	11.10	21.17	1644	17.32	22.20
1609	9.61	18.33	1645	10.84	13.99
1610	7.31	13.69	1646	9.21	11.91
1611	7.12	13.57	1647	12.03	15.56
1612	7.35	14.01	1648	14.83	19.10
1613	6.59	12.55	1649	18.58	24.03
1614	7.36	14.04	1650	26.30	33.67
1615	6.36	11.20	1651	25.50	32.97
1616	6.61	11.63	1652	24.58	28.90
1617	7.36	12.96	1653	13.07	15.01
1618	11.58	20.43	1654	12.42	15.65
1619	8.57	15.09	1655	10.39	12.22
1620	6.29	11.09	1656	10.14	11.93
1621	8.31	14.66	1657	9.64	11.34
1622	11.05	19.49	1658	12.59	14.81
1623	10.82	19.08	1659	15.04	17.69
1624	8.10	14.28	1660	17.08	20.10
1625	9.09	16.01	1661	26.31	30.99
1626	16.55	29.18	1662	33.09	38.93
1627	12.85	22.55	1663	20.32	23.92
1628	9.78	17.22	1664	17.02	20.01
1629	8.60	15.17	1665	13.36	15.71
1630	10.13	17.21	1666	12.36	15.43
1631	18.86	29.90	1667	9.75	12.16

(1) Le setier de Paris est compté pour 1 hectolitre 56.

PRIX DU BLÉ DE PREMIÈRE QUALITÉ SUR LE MARCHÉ
DE ROZOY-EN-BRIE (suite)

(d'après Dupré de Saint-Maur.)

ANNÉES.	PRIX MOYEN DU SETIER (setier de Paris) en livres tournois du temps.	PRIX MOYEN de l'hectolitre en francs.	ANNÉES.	PRIX MOYEN DU SETIER (setier de Paris) en livres tournois du temps.	PRIX MOYEN de l'hectolitre en francs.
1668	7.59	9.47	1707	6.58	6.77
1669	7.62	9.51	1708	9.61	10.04
1670	8.08	9.94	1709	41.31	44.21
1671	8.87	11.05	1710	40.30	40.18
1672	9.55	11.91	1711	17.59	17.48
1673	7.82	9.75	1712	20.57	20.56
1674	9.14	11.40	1713	28.11	23.52
1675	14.06	17.55	1714	28.80	16.64
1676	9.84	12.25	1715	14.07	14.81
1677	11.37	14.17	1716	12.09	12.71
1678	14.09	17.57	1717	9 59	10.07
1679	16.28	20.30	1718	10.79	7.82
1680	12.53	15.64	1719	13.89	7.89
1681	13.30	16.59	1720	20.50	8.30
1682	11.55	14.42	1721	14.34	4.94
1683	10.87	13.56	1722	15.61	6.32
1684	14.06	17.55	1723	24.61	11.26
1685	15.61	19.48	1724	24.79	17.17
1686	9.80	11 77	1725	30.07	20.82
1687	10.33	12.35	1726	26.31	19.24
1688	6.40	7.77	1727	18.61	13.58
1689	7.78	9.27	1728	12.36	9.68
1690	9.06	9.92	1729	16.62	12.16
1691	9.57	10.50	1730	15.78	11.54
1692	12.33	13.78	1731	19.33	14.14
1693	25.30	28.26	1732	10.58	7.79
1694	39.06	44.78	1733	9.87	7 20
1695	14.06	15.81	1734	10.60	7.81
1696	14.36	16.03	1735	11.06	8.69
1697	17.25	19.27	1736	12.81	9.37
1698	21.32	23.81	1737	14.34	10.56
1699	26.57	29 69	1738	18.35	13.44
1700	23.34	24.11	1739	22.59	16.54
1701	15.36	16.84	1740	27.32	20.00
1702	12.30	12.20	1741	37.82	25.01
1703	11.35	11.70	1742	21.25	14.16
1704	10.89	11.10	1743	11.34	7.54
1705	10.07	9.47	1744	10.61	6.40
1706	7.57	7 45	1745	11.06	7.37

10° *Moyennes du prix du blé de* 1630 *à* 1755.

J'ai inséré dans *La Question de l'or*, publiée en 1858, les moyennes décennales (à l'exception des deux décades 1701-1710 et 1711-1720), calculées sur les prix moyens annuels de la Halle de Paris, que j'avais recueillis sur les registres mêmes de la Halle, comme les prix annuels de la période 1520-1630 que j'ai reproduits sous le n° 6. Voici le résultat de ces moyennes décennales exprimées en grammes et en centigrammes d'argent fin :

ANNÉES.	GRAMMES D'ARGENT fin	VALEUR EN FRANCS actuels.
1630-1639.	38.33	19.63
1640-1649.	82.56	18.43
1650-1659.	88.46	19.65
1660-1669.	91.41	20.31
1670-1679.	73.71	16.38
1680-1689.	65.76	14.61
1690-1699.	75.11	16.69
1720-1729.	97.90	21.75
1730-1739.	96 »	21.33
1740-1749.	76.65	17.03
1750-1755.	80.10	17.80

11° *Moyennes du prix annuel du froment sur le marché de la Grenette, à Bourg-en-Bresse de* 1613 *à* 1654, *et de* 1673 *à* 1800.

Le tableau du prix du froment sur le marché de la Grenette (Bourg-en-Bresse) a été publié par la Société d'émulation de l'Ain dans les *Notes statistiques sur le département de l'Ain* (du XVI° au XIX° siècle, Bourg 1889). Il m'a été communiqué par M. Zolla, qui en a dressé la courbe par périodes décennales dans son mémoire couronné par l'Académie des sciences morales et politiques.

Voici un extrait de la publication originale :

ANNÉES.	LA COUPE (14 lit. 83).		
	BLÉ.	SEIGLE.	AVOINE.
	sols.	sols.	sols.
1613.	9, 10, 11, 12	5, 6, 7	3
1614.	12, 13, 14	9, 10	4, 5
1615.	10, 11, 12	7, 8	4, 5
1616.	11, 12	7	5
1617.	9, 10, 11, 12	6	4
1618.	10, 11, 12, 13, 14	7, 8	3, 4
1619.	13, 14, 15, 16	10, 11	2, 3
1620.	11, 12, 13	7, 8	3
1621.	10, 11, 12, 13, 14	8, 9	4
1622.	19, 20, 21, 22	15, 16	5

J'ai calculé la moyenne annuelle de ces prix et l'ai con-
vertie en prix de l'hectolitre exprimé en monnaie actuelle.

MARCHÉ DE LA SAINT-MICHEL. — PRIX DES GRAINS A LA GRENETTE DE BOURG (LA COUPE 14lit. 83)

ANNÉES	MOYENNES en SOUS TOURNOIS	PRIX DE L'HECTOLITRE en francs.	ANNÉES	MOYENNES en SOUS TOURNOIS	PRIX DE L'HECTOLITRE en francs.
1613	10.5	9.55	1673	15	9.65
1614	13	11.80	1674	19	12.22
1615	11	10.00	1675	17	10.93
1616	11.5	10.47	1676	14.5	9.32
1617	10.5	9.55	1677	15.5	9.83
1618	12	10.92	1678	16	10.45
1619	14.5	13.19	1679	22.5	14.27
1620	12	10.92	1680	21.5	13.57
1621	12	10.92	1681	17.5	11.10
1622	20.5	18.67	1682	14.5	9.32
1623	12.5	11.37	1683	12.5	7.93
1624	11	10.00	1684	14.5	9.32
1625	11	10.00	1685	15	9.45
1626	12	10.92	1686	16	9.93
1627	18	16.39	1687	14.5	9.10
1628	18.5	16.82	1688	11.5	7.22
1629	24.5	22.30	1689	13.5	8.27
1630	51.5	55.14	1690	19.5	11.07
1631	21	18.10	1691	24	13.62
1632	12.5	11.37	1692	25	14.44
1633	9	7.67	1693	54	31.72
1634	10.5	8.68	1694	21	12.36
1635	15	12.68	1695	16.5	9.98
1636	18.5	13.79	1696	21	12.36
1637	23.5	17.52	1697	24.5	14.42
1638	17.5	13.05	1698	50	29.36
1639	11	8.20	1699	34.5	20.30
1640	12.5	8.50	1700	25	13.36
1641	19	12.66	1701	24	13.27
1642	18.5	12.17	1702	15	7.66
1643	34	22.69	1703	15	7.99
1644	19	12.68	1704	..	..
1645	15	10.02	1705	..	..
1646	13	8.67	1706	..	..
1647	14.5	9.67	1707	..	..
1648	14	9.34	1708	..	..
1649	27	18.02	1709	110	56.74
1650	..		1710	30	15.48
1651	..	.	1711	21	10.83
1652	..		1712	37	19.08
1653	25.5	15.81	1713	40	17.31
1654	19.5	13.08	1714	26	12.43
—	--	--	1715	19	10.67

MARCHE DE LA SAINT-MICHEL. — PRIX DES GRAINS A LA GRENETTE DE BOURG (LA COUPE 14ᵘᵗ 83) (*Suite*).

ANNÉES	MOYENNES en SOLS TOURNOIS	PRIX DE L'HECTOLITRE en francs.	ANNÉES	MOYENNES en SOLS TOURNOIS	PRIX DE L'HECTOLITRE en francs.
1716	29	11.25	1759	45	15.49
1717	16	6.97	1760	34	11.71
1718	25	9.35	1761	30	10.33
1719	31	9.11	1762	26	8.98
1720	36	7.82	1763	26	8.98
1721	23	5.04	1764	27	9.30
1722	23	5.04	1765	34	11.71
1723	26	6.17	1766	53	18.26
1724	36	13.08	1767	43	14.81
1725	29	10.54	1768	43	14.81
1726	23	8.71	1769	49	16.88
1727	20	7.58	1770	67	23.08
1728	23	8.71	1771	60	20.67
1729	21	7.96	1772	48	16.49
1730	26	9.85	1773	47	16.18
1731	27	9.85	1774	49	16.88
1732	29	10.98	1775	37	12.74
1733	25	9.47	1776	36	12.40
1734	23	8.71	1777	39	13.43
1735	30	11.36	1778	49	16.88
1736	30	11.36	1779	54	18.60
1737	23	8.72	1780	40	13.78
1738	25	9.47	1781	41	14.12
1739	28	10.61	1782	56	19.29
1740	27	9.85	1783	49	16.88
1741	30	10.33	1784	43	14.81
1742	24	8.27	1785	38	12.68
1743	24	8.27	1786	42	14.01
1744	24	8.27	1787	47	15.68
1745	24	8.27	1788	56	18.69
1746	29	10.00	1789	61	19.01
1747	50	17.22	1790	56	18.69
1748	55	18.95	1791	56	18.69
1749	45	15.49	1792	80	26.70
1750	24	8.27	1793	125	41.72
1751	34	11.71	1794	65	21.69
1752	30	10.33	1795	87	29.03
1753	32	11.02	1796	3ᶠ 1*	20.36
1754	25	8.61	1797	3ᶠ 7*	21.03
1755	29	10.00	1798	2ᶠ 2*	14.02
1756	29	10.00	1799	3 fr. 32	22.38
1757	38	13.09	1800	3 fr. 96	26.70
1758	43	14.81			

12° Courbes complémentaires de 1756 à 1790.

Le volume des *Archives statistiques du ministère des Travaux publics, de l'Agriculture et du Commerce, publié par le Ministre secrétaire d'État de ce département*, édité en 1837, renferme 27 tableaux dont les 10 premiers sont consacrés au froment ou aux céréales en général. On lit dans le rapport qui sert d'introduction

Les états du prix du froment de 1756 à 1790, par généralités, et de 1797 à 1835, par départements, ont été tirés des mercuriales officielles. La lacune entre ces dates répond à des années où les assignats et le maximum avaient amené une grande perturbation, et où, par conséquent, les chiffres ne pouvaient qu'être insignifiants.

J'ai tiré de ce volume les courbes du prix annuel du blé de 1756 à 1790 dans la province où il a été en général le plus cher (Provence), dans celle où il a été le meilleur marché (Flandres), à Paris et le prix moyen pour la France entière. Voici le tableau des prix (p.99) du blé dans chaque généralité, avec le prix moyen pour la France entière, le prix moyen de la généralité où il a été le plus haut et de celle où il a été le plus bas en 1756, en 1760, en 1770, en 1780 et en 1790.

13° Prix du froment par région en 1790, d'après M. Biollay.

M. Biollay, dans son ouvrage intitulé : *Les prix en 1790*, a donné le résultat de deux enquêtes faites par la Convention sur le prix du blé en 1790.

D'après l'enquête de l'an II et de l'an III ce prix était :

	PRIX DU SETIER.			PRIX DE L'HECTOLITRE calculé d'après le prix du setier.
	l.	s.	d.	fr. c.
Nord-ouest.	11	7	11	10.32
Nord.	9	17	7	8.66
Nord-est.	11	5	5	9.88
Ouest.	12	6	4	10.83
Centre.	12	6	7	10.85
Est.	13	2	5	11.49
Sud-ouest	14	8	9	12.71
Sud.	15	»	2	13.15
Sud-est	14	9	11	12.72

GÉNÉRALITÉS.	1756	1760	1770	1780	1790
	fr. c.	fr. c.	fr. c.	fr. c.	fr. c.
Alençon.	10,36	10,81	22,07	13,99	17,90
Alsace.	8,34	11,52	19,15	11,97	22,68
Amiens	8,86	9,75	15,11	9.72	13,73
Auch.	7,96	11,71	16,84	11,61	19,09
Bayonne.	9,18	12,06	18,76	11,36	»
Bordeaux.	8,86	13,19	19,57	12,38	20,76
Bourges.	9,02	9,04	21,85	10,52	20,98
Bourgogne.	11,04	13,76	22,49	14,66	20,63
Bretagne.	10,94	12,51	20,08	13,44	19,63
Caen.	10,72	9,98	20,73	15,37	17,65
Champagne.	8,18	11,33	16,78	11,23	16,36
Flandre.	8,44	8,89	14,47	10,10	13,76
Franche-Comté.	9,24	12,22	22,46	13,99	21,43
Grenoble.	13,03	15,30	18,93	19,12	23,42
Haynault.	9,63	10,84	15,53	11,10	17,65
Languedoc.	11,33	16,20	17,42	14,98	20,76
La Rochelle.	8,09	16,68	19,80	11,07	22,20
Limoges.	8,25	11,74	23,29	12,06	21,94
Lorraine.	6,42	10,78	15,98	11,29	20,34
Lyon.	11,45	13,31	20,57	15,24	21,59
Metz.	6,90	11,20	15,46	11,00	18,03
Montauban.	9,24	12,96	20,18	12,13	20,92
Moulins.	8,32	10,94	21,05	12,16	20,34
Orléans.	11,55	10,23	17,87	11,49	16,27
Paris (généralité).	9,66	11,64	17,93	12,48	16,81
Poitiers.	7,22	8,82	20,47	9,02	20,47
Provence.	15,66	18,45	17,55	21,21	25,31
Riom (Auvergne).	9,34	10,72	22,33	12,83	20,60
Rouen.	10,10	12,51	19,19	13,35	17,65
Roussillon.	10,68	14,21	15,59	14,08	21,18
Soissons.	9,44	10,72	16,33	9,91	15,18
Tours.	9,04	8,76	19,35	10,33	18,76
Ville de Paris.	9,82	11,45	17,04	11,13	»
Prix moyen pour la France entière	9,58	11,79	18,85	12,62	19,48
Prix le plus haut : Provence	15,66	»	»	»	»
— — bas : Lorraine.	6,42	»	»	»	»
— — haut : Provence	»	18,45	»	»	»
— — bas : Tours.	»	8,76	»	»	»
— — haut : Limoges.	»	»	23,29	»	»
— — bas : Flandre.	»	»	14,47	»	»
— — haut : Provence	»	»	»	21,21	»
— — bas : Poitiers.	»	»	»	9,02	»
— — haut : Provence.	»	»	»	»	25,31
— — bas : Flandre.	»	»	»	»	13,76

D'après l'enquête de 1793, il était :

	PRIX DU SETIER.			PRIX DE L'HECTOLITRE calculé d'après le prix du setier
	l.	s.	d.	fr. c.
Nord-ouest	12	3	9	10.71
Nord	9	10	6	7.63
Nord-est	12	7	9	10.86
Ouest	13	11	10	11.93
Centre	13	1	9	11.47
Est	15	13	7	13.69
Sud-ouest	13	15	10	12.18
Sud	13	3	6	11.69
Sud-est	14	13	6	12.80

14° *Prix moyen dans le département où ce prix a été le plus haut et dans celui où il a été le plus bas en* 1797, 1801, 1810, 1820, 1830, 1840, 1850, 1860, 1870 *et* 1890.

		fr. c.
1797	Var	14.04
	Nord	33.12
1801	Golo	45 »
	Alpes-Maritimes	43.85
	Moselle	12.91
1810	Var	33.08
	Deux-Sèvres	11.01
1820	Gard	26.76
	Moselle	14.55
1830	Ardèche	29.96
	Landes	17.42
1840	Ain	25.72
	Meuse	17.36
1850	Var	19.89
	Cher	11.19
1860	Manche	24.84
	Cher	17.91
1870	Ardèche	24.44
	Haute-Marne	18.34
1880	Les prix par département n'ont pas été publiés par le ministère de l'Agriculture pour l'année 1880.	
1890	Manche	21.21
	Isère	17.12

Ces prix sont tirés du volume des *Archives statistiques du ministère des Travaux publics, de l'Agriculture et du Commerce,* publié en 1837, des *Tableaux des prix moyens men-*

suels et annuels de l'hectolitre de froment en France, par
département, depuis le 1ᵉʳ vendémiaire an IX (22 septembre
1800) jusqu'au 31 décembre 1870 et du Bulletin du ministère
de l'Agriculture pour l'année 1890.

15° Prix moyen du froment pendant l'année agricole, de 1801 à 1870.

L'année agricole comprend les douze mois qui s'écoulent
entre deux récoltes de froment, c'est-à-dire du 1ᵉʳ août de
chaque année au 31 juillet de l'année suivante. Le tableau
des prix moyens de l'année agricole de 1800-1801 à 1870-
1871 se trouve à la fin du volume publié par le ministère de
l'Agriculture et du Commerce en 1872 et intitulé : Tableaux
des prix mensuels et annuels de l'hectolitre de froment en
France, par département, depuis le 1ᵉʳ vendémiaire an IX
(22 septembre 1800) jusqu'au 31 décembre 1870. Ces prix sont
calculés d'après les mêmes prix moyens mensuels que les
prix moyens de l'année civile. Voici, de dix en dix ans, la
comparaison des prix de l'année agricole et de l'année
civile :

PRIX DE L'HECTOLITRE DE FROMENT.

Année agricole.		Année civile.	
	fr. c.	fr. c.	
1800-1801	21.51	22.19	1801
1810-1811	24.40	20.26	1810
		26.33	1811
1820-1821	19.36	19.13	1820
		17.79	1821
1830-1831	22.29	22.39	1830
		22.10	1831
1840-1841	18.64	21.84	1840
		18.54	1841
1850-1851	14.37	14.32	1850
		14.48	1851
1860-1861	22.30	20.24	1860
		21.55	1861
1870-1871	23.45	20.56	1870

16° Prix moyen par région en 1870.

Le prix moyen par région, pour chaque mois et pour
l'année entière, se trouve dans le volume publié en 1872

par le ministère de l'Agriculture et du Commerce, sous le titre : *Tableaux des prix moyens mensuels et annuels de l'hecto-litre de froment en France, par département, depuis le 1er ven-démiaire an IX (22 septembre 1800) jusqu'au 31 décembre 1870.* Voici les prix moyens de l'hectolitre dans chacune des neuf régions pour l'année 1870 :

	fr. c.			fr. c.
1re région.	20.54	6e région		20.79
2e —	20.07	7e —		20.64
3e —	20 05	8e —		20.80
4e —	20.03	9e —		22.55
5e —	19.69			

J'ai indiqué aussi sur la figure de statistique, d'après le même document, le prix moyen annuel du département où ce prix a été le plus élevé et du département où il a été le plus bas tous les dix ans.

On remarquera que l'écart entre le maximum et le minimum était plus grand autrefois qu'aujourd'hui, qu'il s'agisse des généralités avant 1789 ou des régions agricoles et des départements depuis 1790, et qu'il a été presque constamment en diminuant. C'est ainsi qu'entre les prix ou essais de moyennes calculés par le vicomte d'Avenel pour des périodes de vingt-cinq ans (moyennes imparfaites d'ailleurs, avons-nous dit, et qui, dans certains cas, représentent vraisemblablement des prix extrêmes plutôt que des moyennes proprement dites), l'écart est de 90 millimètres, soit 25 fr. 40 de 1301 à 1325, ce qui équivaut à une différence du simple (2 fr. 30 en Franche-Comté), au décuple et plus (27 fr. 96 en Alsace); que l'écart pour la période de 1776-1790 n'est que de 1 à 1 1/2 soit différence 6 fr. 91 (13 fr. 24 dans le Berri) (20 fr. 15 dans le Dauphiné); que dans les prix par département et par année, on trouve en 1797, année de bonne récolte, un prix de 33 fr. 12 dans le Var et un prix de 14 fr. 04 dans le Nord, soit une différence de 19 fr. 08, c'est-à-dire de beaucoup plus du simple au double (écart de 69 millimètres) et, d'autre part, en 1870, un prix de 24 fr. 44 dans l'Ardèche et un prix de 18 fr. 34 dans la Haute-Marne, soit une différence de 6 fr. 10 ou d'un tiers de la valeur (écart de 22 millimètres) ; enfin, en 1890, un prix de 21 fr. 21 dans la Manche et de 17 fr. 12 dans l'Isère, soit une différence de 4 fr. 09 ou de moins d'un quart de la valeur (écart de 16 millimètres).

L'amélioration des voies de communication, le progrès de la culture, la liberté du transport et du commerce des grains à l'intérieur de la France, les facilités données à l'importation et à l'exportation sont les causes principales de la diminution de l'écart et de la moindre variation des prix ; ils ont eu aussi l'avantage de rendre l'approvisionnement plus abondant et plus régulier et de contribuer au bon marché des subsistances.

LÉGISLATION DU COMMERCE DES BLÉS

Au bas de la figure de statistique, nous avons placé, à leur date, les principales dispositions législatives relatives au régime douanier appliqué au commerce des blés. Le lecteur pourra ainsi juger si ces dispositions ont exercé une influence sur les prix.

L'influence prépondérante à été celle des métaux précieux dont l'abondance a produit un effet considérable dans la seconde moitié du xvi° siècle, assez sensible dans la seconde moitié du xviii°, sensible aussi, mais dans une bien moindre mesure parce qu'elle était contrariée par d'autres influences, dans la seconde moitié du xix° (1851-1875).

L'influence de la législation, quoique moins nettement marquée que celle des métaux précieux, se distingue cependant bien à certaines époques, particulièrement sous le règne de Louis XIV et dans la première moitié du règne de Louis XV. L'exportation des grains a été interdite et le commerce entre les généralités a été gêné par des restrictions administratives et par des mesures prises en vue de l'approvisionnement : le prix du blé a été bas. Dans la seconde moitié du xviii° siècle, l'administration a modifié son système et l'exportation a été permise pendant un certain temps ; en même temps des routes ont été construites : les

prix se sont relevés. Pendant le Consulat, le premier Empire
et jusqu'en 1820, le prix du blé a été en général élevé surtout à cause de l'état politique de la France et de plusieurs
mauvaises récoltes. Sous le régime douanier de l'échelle
mobile, de 1820 à 1851, les prix moyens du blé calculés par
période quinquennale ont été inférieurs à ce qu'ils avaient
été de 1811 à 1820. L'échelle mobile ayant été suspendue
en 1853, puis supprimée, les prix, sous le régime de la
liberté d'importation et d'exportation, se sont élevés jusqu'en 1880 plus haut que dans la période précédente; toutefois, il est probable que la valeur de la monnaie a exercé
alors une influence plus prononcée que le régime douanier.
'algré le droit de douane de 3 francs voté en 1883 et de
5 francs en 1885, les deux dernières moyennes quinquennales sont inférieures à celles de la période 1851-1880.

LES ANNÉES DE DISETTE

La courbe fait voir du premier coup d'œil, par ses points
culminants, les années de disette. J'ai essayé de vérifier ces
points en cherchant dans les historiens le témoignage de
ces disettes; dans la plupart des cas j'ai trouvé qu'il y avait
concordance.

Les disettes étaient autrefois plus désastreuses qu'elles
ne le sont aujourd'hui; elles produisaient beaucoup plus
souvent des famines, générales ou locales. Les mots de
« famine » et de « mortalité » sont souvent associés dans
les chroniques du moyen âge.

La culture étant moins avancée, le rendement par hectare
était inférieur à ce qu'il est maintenant, et la population rurale n'était peut-être pas, au commencement du xive siècle,
moins dense en moyenne qu'aujourd'hui : deux causes qui
devaient rendre l'alimentation difficile quand la récolte
était mauvaise. Les marchés étaient mal approvisionnés
parce que la plupart des habitants vivaient du blé qu'ils ré-
coltaient ou qu'ils recevaient comme paiement en nature et
que très peu faisaient commerce de blé. La difficulté des
communications, dont nous venons de parler, était une autre

cause qui entravait beaucoup le commerce des grains : à quelques lieues de distance il se produisait parfois des diffé-rences considér..bles entre les prix de deux marchés. Cette difficulté était aggravée au moyen âge par le morcellement du territoire en domaines féodaux, beaucoup de seigneurs retenant le blé de leurs terres quand ils croyaient la récolte insuffisante et prélevant des droits sur le blé dont ils auto-risaient l'exportation ou qu'ils laissaient passer à travers leur seigneurie.

La liste suivante (1), indique qu'au xi⁰ siècle, sous les quatre premiers Capétiens, il y a eu quarante-huit années de famine dans l'espace de soixante-treize ans, soit en moyenne plus d'une famine tous les deux ans. Cette fréquence est si grande alors qu'il est permis de supposer que certains textes mentionnent non des famines générales, mais seulement des famines locales de la contrée où vivait le chroniqueur. Cepen-dant les chroniqueurs de ce siècle et ceux du siècle suivant disent souvent que la famine sévissait sur toute la France. J'ai trouvé trace de vingt années ou périodes de disette au xii⁰ siècle, de dix au xiii⁰ siècle, de dix au xiv⁰ siècle, de treize au xv⁰ siècle, de treize au xvi⁰ siècle. En tout, depuis l'avènement des Capétiens jusqu'en 1891, j'ai mentionné 151 disettes (2), mais je n'ai pas la prétention d'avoir dressé une liste complète.

Dans les temps modernes, surtout depuis le commence-ment du ministère de Colbert jusqu'à l'édit de 1762, les mesures prises par les contrôleurs généraux et par les inten-dants de province ont tantôt permis et tantôt interdit le

(1) Voir sur le même sujet, *L'ancienne France, la misère au temps de Louis XIV*, par M. Rocquain.
(2) Voici les totaux :

de 987 à 1100 . . . . 48 disettes.
xii⁰ siècle. . . . . 20 —
xiii⁰ — . . . . 10 —
xiv⁰ — . . . . 10 —
xv⁰ — . . . . 13 —
xvi⁰ — . . . . 13 —
xvii⁰ — . . . . 11 —
xviii⁰ — . . . . 16 —
xix⁰ — . . . . 10 —

transport des blés en vue d'assurer l'approvisionnement de
certaines régions ; elles ont gêné le commerce et aggravé plus
d'une fois la disette à laquelle elles se proposaient de porter
remède. Pendant les guerres de Louis XIV, les fournitures
des armées ont été souvent une aggravation à cet état de
choses.

Quelques villes possédaient des privilèges qui étaient aussi
des obstacles au nivellement des prix. Lyon en avait à
l'égard de la Bourgogne Paris, à l'approvisionnement
duquel les rois veillaient tout particulièrement, en avait de
beaucoup plus étendus. Des érudits ont remarqué qu'à cause
de ces privilèges, le prix du blé à Paris ne devait pas être
accepté toujours comme représentant le prix moyen en
France, qu'il était en général moins variable que celui des
provinces et que, dans les années de disette, il montait
rarement aussi haut que dans certaines provinces.

Cette liste des disettes, qui peut être considérée comme
un complément de la connaissance du prix du blé, a été
composée, jusqu'en 1790, à l'aide de divers documents au
nombre desquels sont : les *Lectures sur l'histoire de l'agriculture dans le département de Seine-et-Marne faites à la Société
d'agriculture, sciences et arts de Meaux*, par l'abbé A. Denis
(1 vol. 1881) ; le *Journal d'un bourgeois de Paris* (au xve siècle) ;
les *Archives statistiques*, publiées en 1837 par le ministre des
Travaux publics, de l'Agriculture et du Commerce ; l'ouvrage
intitulé : *De la cherté des grains et des préjugés populaires qui
déterminent les violences dans les temps de disette*, par M. Victor
Modeste. M. Rocquain, membre de l'Institut et chef de section aux Archives nationales, a eu la complaisance de re-
lever, dans la collection des *Historiens des Gaules et de la
France* et dans quelques autres publications, les textes relatifs aux famines jusqu'au xive siècle ; je n'ai eu qu'à les
insérer à leur date dans la série.

J'ai dit que le ministère de l'Agriculture (jadis ministère
des Travaux publics, de l'Agriculture et du Commerce) avait
publié le prix moyen annuel du froment par généralité et,
pour la France entière, de 1756 à 1790, le prix moyen dans
les départements et dans la France entière, de 1797 à 1835 ;

qu'il avait publié non seulement le prix moyen de l'année, mais le prix moyen de chaque mois depuis l'an IX jusqu'en 1870 dans un volume in-folio et dans des publications annuelles, les prix de 1871 à 1891 (excepté pour les années 1879-1881); enfin qu'il avait publié, d'autre part, la quantité de froment récolté dans chaque département depuis l'année 1815 (les années 1819 et 1870 manquant seules dans la série). Il est donc possible de trouver, à partir du milieu du XVIII° siècle, sans avoir à recourir au témoignage des chroniqueurs, des données authentiques sur la cherté du blé et, depuis 1815, sur les quantités qui ont été la cause de la cherté, et d'établir ainsi avec précision la date et l'intensité des disettes.

Pour fixer la date des disettes, il suffit de quelques indications sommaires tirées des historiens ou de quelques lignes d'un chroniqueur. Il n'est fait d'exception que pour les deux disettes de 1693-1694 et de 1709, qui ont été au nombre des plus terribles sous le règne de Louis XIV et pour lesquelles le lecteur trouvera des extraits étendus de la correspondance des contrôleurs généraux (éditée par M. de Boislisle, membre de l'Institut) afin de donner une idée de l'administration des subsistances au XVII° et au XVIII° siècle. Quelques détails sont donnés aussi sur les disettes du XIX° siècle.

X° SIÈCLE (DEPUIS L'AVÈNEMENT DE HUGUES CAPET) ET XI° SIÈCLE

Il y a eu des famines sous Hugues Capet en 987, 989, 990, 992. « Les hommes, dit Raoul Glaber, furent réduits à se nourrir de reptiles, d'animaux immondes et, ce qui est plus horrible encore, de la chair des hommes. »

Il y a eu une série d'années de famine de 1010 à 1014 et de 1021 à 1029.

En 1031, il y a eu une famine. On égorgeait et on mangeait des voyageurs sur les routes. « Plusieurs attiraient des enfants de leur voisinage par de petits présents et, si ces enfants se laissaient prendre à ce piège, ils étaient tués et leurs corps servaient de nourriture. On mit en vente, au marché de Tournus, de la chaire humaine cuite. »

De 1030 à 1033, des pluies presque continuelles causèrent une cruelle famine, particulièrement en Bourgogne.

De 1034 à 1066, il y a eu de fréquentes famines, particulièrement celle de 1043-1044 et années suivantes qui se fit sentir durant sept années en Normandie.

En 1053, il y a eu une longue sécheresse et une épidémie dans le pays de Caux.

En 1082, il y a eu une famine en France et particulièrement en Normandie.

En 1085, il y a eu une famine en Normandie.

En 1091, il y a eu sécheresse et disette en Normandie.

En 1095-1096, il y a eu sécheresse et famine.

En somme, sous les règnes de Hugues Capet, de Robert Ier et de Philippe Ier, dans l'espace de 73 ans, il y a eu, dit-on, 48 années de famine.

1100. — « Quo anno magna fuit annonæ penuria, et multi fame periclitati sunt. » (Hug. Flavin. *Chron. Vird.*)

XII° SIÈCLE

Voici la suite des disettes dont il est fait mention au XII° siècle dans la collection des *Historiens des Gaules et de la France* et dans d'autres recueils où M. Rocquain les a puisées.

1109. — « In sub sequenti maio, vel junio atque julio, venditio annonæ, quam in præterito anno verno tempore diximus frumenti fuisse VI solidorum, duplicata est, ita ut frumentum venderetur XII solidis ; aliæ annonæ similiter duplicatæ sunt. » *Chron. S. Petri Vivi Senonencis.*)

Il y avait eu des pluies torrentielles ; la famine sévit deux ans en Normandie. (Delisle, *Classes agric...*, 631.)

1125. — « Fames quoque magna regnum Franciæ devastavit. » (Guilelm. de Nang., *Chron.*)

« Fames permaxima grassatur in Galliâ. » (*Append. ad Sigebert.*)

Neige, froid, famine et mortalité en Normandie. (Delisle, *Classes agric...*, 632.)

1138. — Commencement d'une famine qui dura sept ans en Normandie. (Delisle, *ibid.*, p. 632.)

1139. — « Ab isto anno cœpit fames, duodecim annos perdurans. » (*Ex Auctar. Gemblac.*)

« Ab hoc anno fames incipiens fere septem continuis annis postea duravit et pene totam Europam cum adjacentibus insulis oppressit. » (*Anonym. Blandiniens.*)

1141. — Disette. A Evreux, la mesure de blé se vendit 40 sous. (*Ex chron. S. Taurini ebroicens.*)

1143. — « Hoc anno aspera hyems, et sequitur fames valida VII annis. » (*Chron. Lobiens.*)

1146. — « Quo anno fuit fames gravissima, ita ut Tornaci venderetur sextarius tritici LVI solidis. » (*Ex Herim. Tornac. histor.*)

La somme de froment vaut 40 sous à Rouen. (Delisle, 633.)

1151. — « Fames valida. » (*Chron. S. Vinc. Metens.*)

Pluies, inondations et disette en Normandie. (Delisle, 633.)

1155. — « Multis annis sterilitate terræ... hoc anno tritico omnino deficiente. » (*Ex Auctar. Affligem.*)

1156. — Orages et pluies qui empêchent les récoltes en Normandie. (Delisle, 633.)

1162. — « Fames gravissima... ut modius tritici venderetur XXX et eo amplius solidis Lovaniensis monetæ, multaque millia hominum fame perissent, nisi Dominus pauperis populi afflictionem respexisset. » (*Ex Auctar Affligem.*)

Famine et mortalité à Caen. (Delisle, 634.)

« Fames ingens fuit per totum regnum Franciæ. » (Rigord et Guillaume Le Breton, édit. Delaborde.

1163. — « Eodem anno (1163) fuit fames valida in eadem terra (Britannia). » (*Ibidem.*)

1174. — Disette en Normandie.

1175. — « Per Galliam et Germaniam panis inopia multos affligit. » (*Ex Auctar. Aquicinct.*)

1176. — « Maxima fames fuit in Gallia. »

1188. — « Eodem anno exstitit magnus segetum defectus fere per universum mundum, ita quod in sequenti æstate multi fame perierunt. » (*Bened. Petroburg.*)

1194. — Tourbillons, tempêtes et grêle qui occasionnent une disette. (Delisle, 634.)

« Eodem anno aeris insolita commotio, turbines, tempestates... vineas et messes destruxerunt; unde in sequenti anno fames valida secuta est (per Franciam). » (Rigord.)

1195. — « Sextarius frumenti Parisius pro XVI solidis vendebatur,

hordei pro X solidis, mixture pro XIII solidis aut XIV,
sextarius salis pro XL solidis ». (RIGORD.)

1195. — « Vehemens fames Gallias atterebat, quæ per quatuor
annos continuos confecit populos.. » Pluies excessives et famine
pendant plusieurs années en Normandie.

« Famis validæ quæ totam fere premebat Europam annus
jam tertius duobus præcedentibus gravior agebatur. » (*Guill.
Neubrig.*)

1196. — « Gravissima panis penuria hoc anno multos afflixit...
Ab Apennino monte usque ad Oceanum, per totam Galliam et
Alemanniam, fames in tantum prævaluit..; triticum XL vel
L solidis vendebatur, quod pro IV aut V ante hanc pestem da-
batur. » (*Aquicinct. Monast. Annal.*)

1198. — « His tribus præcedentibus annis, ægra seges victum
hominibus negavit. » (RIGORD.)

« Et adhuc durabat sterilitas et fames (per Franciam). »
(*Ibidem.*)

XIII° SIÈCLE

1202. — « Fuit fames valida, ita ut sextarium frumenti, avene
vel silliginis XIV solidos venderetur apud Lemovicas. » (*Chroniques de saint Martial de Limoges*, édition DUPLÈS-AGIER.)

« Toto fere orbe ingruit fames gravis, totamque Walliam
(Italiam) et Hispanias, Galliasque profligat. » (*Robert, Altis-
siodor. Chronolog.*)

1221. — « In eodem anno, sextarius anone venditus fuit Parisius
XVI solid. parisiens. et fuit raritas frugum per universum regnum Franciæ, à mari Angliæ usque ad alveum fluminis Lige-
ris. » (RIGORD.)

1223-1224. — Famine en Normandie, probablement occasionnée
par les pluies d'automne.

1225. — « Fuit fames valida..; unus sextarius hordei vendebatur
XII solidis cenoman., et unus sextarius frumenti XV solidis. »
(STEPH. CADOM. *Chron.*)

1235. — Famine en Normandie.

« Facta est fames valde magna in Francia, maxime in
Aquitania... Valebat sextarius bladi centum solidos in Pictavia. »

« Facta est fames valida magna in Francia maximeque in
Aquitania. » (GUILL. DE NANG., *Chron.*)

1257. — « En cèle anée meismes, ot par toute France grant

chierté de pain, de vin et de toutes viandes. Et sachiez que cèle
anée li sestiers de blé valoit à Paris xx sols de Parresis, et plus
soventes fois. » (Chronique anonyme finissant en 1286, D. Bouq.,
t. XXI.)

1257-1259. — Les blés manquent en 1257; la grêle et les inondations produisent, l'année suivante, une disette en Normandie;
en 1259, famine générale en France.

1272. — Disette en Normandie.

1275. — Disette en Normandie.

1276-1277. — Pluies excessives en 1276 qui empêchent les récoltes en Normandie; hiver rude qui empêche les semailles en
1277.

1277. — L'exportation des grains est défendue en Normandie.
(Delisle, p. 638.)

XIVᵉ SIÈCLE

1304. — Grande disette. Édit de février, 1304 : « On enverra par
toutes les villes et par les villages de la vicomté de Paris, et
l'on saura partout combien il y aura de grains, froment, mé-
teil, seigle, orge et avoine, et toute autre manière de grains, et
combien en chacune ville et ès territoires et combien il en faudra
pour leur vivre jusques aux nouveaux, et pour semer; et ce qui
sera par dessus, on fera porter au marché dedans cette vicomté, non pas tout ensemble, mais petit à petit... »

Ordonance de maximum. Défense de vendre le setier de
meilleur froment, mesure de Paris, plus de 40 sous parisis, défense de faire des approvisionnements sous peine de confiscation. Le roi rapporta bientôt cette ordonnance. « Nous, pour
que le plus hâtivement il puisse être secouru à la nécessité de
notre peuple, nous avons rappelé et rappelons les prix que nous
avions mis ès-dits grains, et avons ordonné et estably que quiconque de notre royaume aura du grain susdit, il puisse le
vendre au marché et le donner pour tel prix comme il en pourra
avoir. »

1305. — « Parisius et circa caristia tanta fuit quod frumenti sextarium centum solidos, et tandem sex libras monetæ currentis
Parisius vendebatur. » (Cont. chron. Girard de Fracheto.)

1310. — Disette par suite de pluies qui avaient empêché les semailles de 1309. (Ce renseignement ne concorde pas avec la
courbe du vicomte d'Avenel.)

« Fuerunt pluviæ multæ et inundationes magnæ... et secuta

est magna sterilitas bladi et vini; tantaque fuit in ipso anno
subsecuta victualium caristia... ac fere in toto regno Franciæ
et multis aliis regionibus, ita quod carto frumenti vendebatur
Tholosæ XIIII libris turonensibus. » (BERNARD. GUIDON. *Chron.*)

1315. — « Celle année commencèrent grans pluyes en France et
fu faulte de sel et de biens en terre, et si grant famine et mortalité de gens, que ce fut grant merveille qui dura deux ans. »
(*Chronique anonyme* finissant en 1328, D. BOUQ., t. XXI.)

« Si fut grant famine et grant fain. Et chierté de vin et de
pain. » (*Chronique rimée* attribuée à GEOFFROY de Paris.)

Le setier qui avait valu 10 sous à Paris en 1314, en valait 50
en 1315. — Froids et pluies qui empêchent la récolte; l'exportation des grains est interdite en Normandie. (DELISLE, p. 639.)

Rude famine qui pesa deux ans et demi sur la France.

1330-1334. — Cherté de grains. (DELISLE, p. 640.)

1344. — Le prix du blé monte à 50 sous et au delà en juillet dans
l'Ile-de-France; mais après la moisson il tombe à 10 sous, puis
à 6 sous.

1349. — A la suite de la peste noire, les terres étant restées
incultes, la famine sévit. A ce propos il y eut sédition et de
violents excès à Provins.

1351. — « En cettui an 1351 fut la plus très grande cherté de tous
biens qu'homme qui les vecquit eut oncques veu au royaume
de France par especial de grains ; car un setier de froment
valoit par aucun tems en ladite année, 8 livres. » (Ms. des *Chroniques de France.*)

1360. — Le setier de blé valut un mouton d'or qui couroit pour
25 sous. « En l'an mil III LX, le roy d'Angleterre, le prince de
Galles et le duc de Lancastre chevauchèrent jusques devant
Paris. Et adonc fut la grande famine. » (Siméon Luce, *Chroniques du Mont Saint-Michel.*)

1390. — Grande cherté du blé en Normandie. (DELISLE, p. 640.)

XVᵉ SIÈCLE

1410. — « Pilloient, roboient, tuoient... especialement ceulx au
comte d'Armignac..., dont si grant charté s'ensuivy de pain à
Paris que plus d'un moys le sextier de bonne farine valoit
LIIII francs (ou LX). »

Journal d'un bourgeois de Paris, publié par Al. Tuetey, 1881.

(Ce renseignement ne concorde pas exactement avec la
courbe de M. d'Avenel.)

Le froid et la famine forcèrent les Armagnacs à quitter la campagne de Paris. Cinq semaines après leur retraite, on avait de très bon blé pour 18 ou 20 sous le setier.

« En celuy an, fut la grant cherté. » (Siméon Luce, *Chroniques du Mont Saint-Michel*.)

1414-1415. — Grandes pluies; cherté de vivres à Paris à cause des récoltes et à cause des guerres pendant plusieurs années. (Ce renseignement ne concorde pas exactement avec la courbe du vicomte d'Avenel.)

1418. — *15 mars.* — Le blé fut si cher que le setier valut 8 livres, Défense fut faite de le vendre plus de 72 sous; les boulangers entendant cela, cessèrent de cuire.

Septembre. — « En moins de cinq sepmaines trespassa en ville de Paris plus de 50,000 personnes... » La douzaine de pains coûta 6 sous parisis; elle coûtait auparavant 2 sous 11 deniers tournois.

1419. — « Ils s'en allèrent pillant, tuant, robant... » (*Journal d'un bourgeois de Paris*.)

Disette extraordinaire. Le setier de blé à Lagny monte à 12 francs d'or ; le peuple mange du pain de noix.

16 avril. — Un bœuf, qui valait auparavant 10 francs, vaut 50 francs.

Août. — « Les soldats courans firent tout enchérir. » Le blé qui valait 50 sous t., fut vendu 6 à 7 francs.

1420. — « Très grant povreté de pain, car un pain que on avoit au temps devant pour iiii deniers parisis coustoit xl deniers parisis. »

Novembre. — Ordre du parlement aux boulangers.

Décembre. — Le setier de froment à la Halle de Paris vaut xxx francs, la farine xxxii francs. Pas de pain à moins de xxiiii deniers et le plus pesant ne pesoit que 20 onces.

1420-1421. — Hiver très froid, un des plus rigoureux qu'on ait vus. Beaucoup d'Anglais assiégeant Meaux meurent de froid. Beaucoup de loups.

1421. — « Par quoy si grant charté s'ensuivi que à Pâsques ung bœuf coustoit 2 francs ou plus... et tout jour et toute nuyt avoit parmy Paris, pour la cherté devant dicte, les longs plains, lamentacions, douleurs, criz piteables... ils mengeoient trougnons de choux sans pain ne sans cuire, les herbetes des champs sans pain et sans sel. »

« Car partout où on alloit, on trouvoit des mors aux champs

et aux villes de la grant povreté qu'ilz du cher temps et de la famine souffroient par la maldicte guerre qui toujours croissoit. » (Cependant le Bourgeois dit qu'il y avait de grands approvisionnements dans Paris.)

« La famine estoit si grande ès pays entre Saine, Loire, Brie et Champaigne... » (*Chronique de Jean le Fèvre, seigneur de Saint-Rémy*, édition Morand, t. II, p. 39.)

Une ordonnance fixa le prix des choses. Mais la récolte de 1422 fut bonne. Celle de 1423 périt par le froid.

1421-1424. — Disette pendant quatre années en Brie à cause des guerres.

1429. — Il y eut une affreuse famine à Provins par suite des guerres. Les Anglais se retirèrent du pays et le ravagèrent.

1431. — « On ne gagnoit rien, car marchandise ne couroit point ; par ce mouroient les gens de faiu et de povreté. » (*Journal d'un bourgeois de Paris.*)

Après la venue du régent, le blé qui valoit à Paris XL sous parisis le setier ou XLII, s'élève à LXXII sols ou v francs.

« ... Fut nombré que par eaue que par terre se parti de Paris bien XII° personnes sans les enfans, parce qu'ilz n'avoient de quoy vivre et qu'ilz perissoient de fain. » (*Journal d'un bourgeois de Paris.*)

1437. — « En cet an furent les blés et autres grains si chers par toutes les parties de la France que ce qu'on avait aucune fois donné pour 4 sols, on le vendoit pour 40 et au-dessus ; à laquelle cherté fut si grande famine universelle que grande multitude de pauvres gens moururent par indigence... Dura ceste pestilence jusqu'en 1439 . »

1438-1439. — Grande disette de toutes choses à cause des « courses des larrons ». Le blé vaut 7 francs.

1440. — L'année fut très fructueuse. « Bon blé pour 16 sous qu'on avoit l'année devant pour 5 francs. »

1480-1481. — Mauvaises récoltes.

XVI° SIÈCLE

1515. — « En l'an 1515, fut grande famine et nécessité de bledz au pays de Poictou, Xainctonge, Bordeaux, Perigort, la Rochelle, Angoulmoys, Lymosin et Auvergne, tellement que la charge d'un cheval valloit de VIII à X livres » (*Journal d'un bourgeois de Paris*, années 1515-1536, éd. L. Lalanne.)

1521. — Blé rare et cher. « Au dict an 1521... fut quasi à Paris une famine... et fut le bled si cher que... il vallut de 6 à 7 livres le septier, mesure de Paris... Et l'année mesme, il fut encore plus grande famine et nécessité de bled par tout le pays de Normandie, tellement que le septier de bledz valloit dix livres. » (*Ibidem.*)

1522. — Gelée. Famine presque générale. On sema au printemps des orges dont la récolte soulagea les habitants; c'est pourquoi on désigna en Brie cette année sous le nom de « l'année aux orges ».

1523. — « Au dict an 1523... à cause de la dicte gelée... grande cherté, tellement que le bled renchérit beaucoup; et combien que auparavant la dicte gelée il ne valoit que xxi sols le septier, mesure de Paris, néantmoins valut au dict an jusqu'à 4 livres 10 sols le septier... » (*Journal d'un bourgeois de Paris.*)

1526. — Grande cherté de farine et de vin en Brie.

(Ce renseignement ne concorde pas exactement avec la courbe de M. d'Avenel.)

1528. — Les moissons dépérirent en Brie; d'où grande famine et mortalité.

Par suite de pluies et de grêles « es pays Chartrain, Dreux, Beauvoisin, Picardie, Vymes, Sentoys et autres lieux... le bled s'enchérist de beaucoup; car auparavant à Paris le septier ne valloit que 35 sols, et après il vallut 70 ». (*Journal d'un bourgeois de Paris.*)

1531. — L'an 1531 et 1532, grande mortalité et famine en Poitou; le setier de blé, qui valait 2 livres 15 sous en 1530, valut 5 livres 30, en 1531.

1544. — Blé cher.

1547. — Blé cher.

1561. — L'hiver le plus rigoureux qu'on ait eu en Brie depuis l'an 1420.

1565-1567. — Disette.

1586-1587. — Grandes disettes.

1587. — Le setier de blé vaut, le 3 juin, 30 livres à Paris et 40 livres dans les villes circonvoisines.

1590. — Prix à Paris 1590. Avant le siège, le setier de grain pesant 300 livres valait 5 écus; un mouton valait un demi-écu. A la fin du siège, le boisseau valait 10 écus; le setier valait 40 à 45 écus. (Prix donnés par un Vénitien contemporain, reproduits dans le *Bull. de la Soc. de l'hist. de Paris et de l'Ile-de-France*, 8ᵉ année 1881, p. 146.)

XVII° SIÈCLE

1631. — Grande disette.

1648. — L'avocat général Omer Talon écrivait : « Il y a, sire, dix
ans que la campagne est ruinée, les paysans réduits à coucher
sur la paille. »

1649. — Le setier de blé vaut 36 livres. « Tout est pillé, les gens
de guerre se mettant dans les fermes font battre le blé. »

1651. — « Les habitants de la Champagne et de la Picardie sont
réduits à ramasser quelques bribes de blé et d'avoine. Les herbes
et les racines sont la seule nourriture. »

1658-1659. — Hiver très froid ; récoltes en partie perdues.

1660. — Récolte nulle. Le blé valut jusqu'à 30 livres le setier.

1662. — Cruelle famine surtout au nord de la Loire. Les pauvres
de la Brie vécurent 'de racines et d'herbes. Le boisseau de blé
valut 100 sous à Provins.

1662-1663. — « La moisson n'a pas été bonne ; le blé sera encore cher toute l'année. » Gui Patin.

1667-1668. — Hiver très rigoureux.

1675. — Famine cruelle dans le midi de la France ; mauvaise
récolte en Champagne et en Brie.

1693-1694. — Affreuse disette.

CORRESPONDANCE DES CONTROLEURS GÉNÉRAUX DES FINANCES AVEC
LES INTENDANTS DE PROVINCE RELATIVEMENT A LA DISETTE DE 1692-
1694.

Comme spécimen de l'état des provinces et des mesures
administratives prises en temps de disette au XVII° siècle,
j'extrais les passages suivants du tome I de la *Correspondance des contrôleurs généraux avec les intendants des provinces* publiée par ordre du ministre des Finances par M. de
Boislisle. Ils sont relatifs à la terrible disette des années
1693 et 1694. L'année 1694 est celle où le blé a été le plus
cher au XVII° siècle.

*Lettre de M. de Bernières de Bautot, procureur général au Parlement
de Rouen, au Contrôleur général.*

19 octobre 1692. — « ... La récolte a été si mauvaise que le blé
vaut 5 et 6 l. le boisseau. Il en est arrivé un peu du dehors, et le
premier président, M. de Montholon, a obtenu pour les marchands

la permission d'en faire venir de la Picardie et de l'Ile de France ; mais les fermiers généraux ne sauraient en trouver pour l'approvisionnement de la marine royale, à moins d'aller à Dantzick, où il y a abondance... »

Lettre de M. d'Ableiges, intendant en Auvergne, au Contrôleur général.

24 octobre 1692. — « Ce qui est à craindre est une grande disette de blé, non seulement pour l'année qui vient, 1693, mais encore pour l'année 1694. La plupart des terres ne sont pas semées dans la Haute-Auvergne... »

Lettre de M. de Creil, intendant à Orléans, au Contrôleur général.

8 décembre 1692. — « Les grains n'augmentent et ne diminuent guère ; mais ils sont à si haut prix, que sûrement la famine arrivera dans cette généralité, si l'on continue à en transporter les blés à Paris comme l'on fait. J'en ai trouvé le pavé tout couvert, et bien plus de charrettes de blés que de vins. Les pauvres assiègent les portes dans tous les lieux. Le pain bis vaut près de 20 deniers la livre.... »

Lettre de M. de Bérulle, intendant à Lyon, au Contrôleur général.

2 mars 1693. — « Il annonce par un courrier extraordinaire, que la ville de Lyon n'est pas approvisionnée pour huit jours, tandis que la Bourgogne, quoi qu'en dise M. d'Argouges, et malgré tous les achats du munitionnaire, regorge de grains. Certains particuliers ont fait de grands achats dans cette province, et, si les prix ont haussé, c'est un effet des accaparements et du peu de soins que les intéressés aux vivres ont pris pour cacher leurs opérations. Cependant le blé n'y est encore qu'à 3 l. 14 s. le bichet, et à Lyon, suivant les *carcabeaux*, il vaut 4 l. 12 s. »

Lettre de M. de Montholon, premier président du Parlement de Rouen, au Contrôleur général.

18, 19 et 20 avril 1693. — « Il déclare qu'une sédition a eu lieu à Rouen, provoquée par une hausse subite du blé (il est à 15 l. la mine) et par la crainte que les boulangers ne demandassent une augmentation du prix du pain... Cette disette vient de ce que le marché d'Elbeuf et le pays de Caux, d'où la ville tire depuis longtemps son approvisionnement, ont été dégarnis... que les étrangers enlèvent les blés et le pain jusque sur la place de Rouen... »

Lettre de M. de Beuvron, lieutenant général en Normandie, au Contrôleur général.

4 mai 1693. — « Je dois vous rendre compte de l'estat où j'ay trouvé les choses en arrivant en cette province, où la misère et la pauvreté est au delà de tout ce que vous pouvez imaginer, et principalement dans le pays de Caux qui est le long des côtes de la mer. Une infinité de peuple y meurt fréquemment de faim, et le reste languit et aura le meme sort, s'il n'est secouru. Non seulement l'argent y manque pour acheter du blé, mais ceux qui en ont n'en trouvent pas. Beaucoup de ces peuples se sont voulu retirer à Rouen; on ne peut les y recevoir, la ville estant accablée et surchargée de pauvres; il y en a vingt-un ou vingt-deux mille à recevoir journellement l'aumosne, sur l'estat qui en est fait, et plus de trois mille demandant par les rues, et un très grand nombre d'artisans qui, faute de travail, et ayant mangé si peu qu'ils avaient, vont estre au mesme estat. Le blé enchérit tous les jours, et par conséquent, il faut augmenter le prix du pain... »

« Il assure que tout ce qui sort de la ville et tout ce qui pourrait y entrer est pillé sur les routes dans les campagnes... »

Lettre de M. de Bezons, intendant à Bordeaux, au Contrôleur général.

21 juillet 1693. — « Il dit que la récolte ne s'étant élevée, en général, qu'aux deux tiers de ce qu'elle avait été en 1692, il faudra pourvoir à la subsistance des peuples, et l'on a déjà écrit aux receveurs des tailles de laisser à chaque particulier une quantité de grains suffisante pour faire les semailles, en prenant des précautions pour que les contribuables ne puissent abuser de cette tolérance, ou que leurs créanciers personnels ne fassent plus saisir ces semences. »

Lettre de M. de Canaples, commandant en Lyonnais, au Contrôleur général.

18 août 1693. — « Il le remercie d'avoir accordé les passeports nécessaires pour le transport des blés à Lyon. (La disette devint telle que le Consulat distribua les cent derniers sacs de blé qui se trouvaient à l'Abondance et que M. de Canaples dut l'autoriser à prendre quinze cents ânées au dépôt des munitionnaires.) »

Lettre de M. de Sève, intendant à Metz, au Contrôleur général.

21 septembre 1693. — « Il annonce que la visite des greniers de Metz et de Verdun a permis de constater qu'il y restait très peu de grains, et la récolte, qui a été niellée, est d'un si mauvais rendement que les munitionnaires épuiseront inévitablement la province (on trouva une telle disette, que M. de Sève eut ordre de la cacher. Le blé se vendait, à Metz, 10 l. la quarte de cent livres.) »

Lettre de M. Bouchu, intendant en Dauphiné, au Contrôleur général.

26 septembre 1693. — « Il rend compte à M. Pussort de l'état de la province en ce qui concerne les grains et des mesures prises pour remédier à la disette.

« L'exécution des visites que vingt subdélégués ont commencé à faire ne saurait être ni assez prompte, ni assez sûre pour donner le résultat qu'on en attend. Un pareil travail, ordonné au mois de mai pour constater ce qui restait de la dernière récolte, n'est pas encore terminé, et si l'on attend que les commissaires aient vérifié par tout le royaume dans quels lieux il y a abondance et dans quels autres il faut envoyer des secours, le prix du blé, qui de 18 l. est déjà monté à 23 l. augmentera, d'autant plus que les détenteurs de grains sont prévenus et qu'ils remettront leur vente à un moment favorable.

« Il faut espérer quelque chose de la vie dure à laquelle ces peuples sont accoustumés, telle qu'il n'y a point d'exagération à dire que, depuis l'année 1690, la plus grande partie des provinces de Tarentaise et de Maurienne ont vécu de coquilles de noix moulues, dans lesquelles les plus aysés des habitans ne meslent qu'un dixième ou environ de farine d'orge ou d'avoyne. M. de Chamlay est un fidèle témoin de cette vérité, et a porté au Roy du pain de cette qualité, à son retour du voyage qu'il fit à Pignerol.

« La ville de Grenoble n'ayant pas un sol de revenu, je n'ay rien cru de plus propre à pourvoir à sa subsistance, mesme à faciliter celle du reste de la province, qu'en faisant un marché avec un particulier, pour fournir, à 3 l. 10 s. le quartal (de vingt-sept livres) dix-huit mille setiers, ou vingt mille quintaux poids de marc, de blé en cette ville. »

Lettre de M. de Creil, intendant à Orléans, au Contrôleur général.

26 octobre 1693. — « Quoique le pain soit moins cher à Blois qu'à Orléans (le blanc est de 3 sols 1 liard, le bis, à 26 deniers la livre).

une sédition a eu lieu dans la première de ces villes ; le lieutenant
général a été blessé, on protégeant un bateau de blé qui passait,
et e désordre n'a été apaisé que par l'évêque. »

Lettre de M. de Bérule, intendant à Lyon, au Contrôleur général.

24 octobre et 4 novembre 1693. — « Il se plaint que le Consulat
de Lyon s'oppose par toutes sortes de moyens à l'arrivage des blés
achetés par les particuliers en Languedoc, et que les intendants
de ces deux pays soutiennent cette manœuvre, qui doit avoir pour
but d'amener les marchands à céder leurs achats au profit de
l'échevin envoyé à Arles. »

*Lettre de M. de Bezons intendant à Bordeaux, au Contrôleur gé-
néral.*

Octobre et novembre 1693. «... Il parle d'une grande mortalité de bestiaux qui sévit dans le Périgord ; plusieurs métairies ne
sont pas labourées faute de bestiaux... Il faudra plusieurs années au Périgord pour le remettre de ce qui est arrivé. Il y a des
lieux où les blés ne sont pas battus, à cause du grand nombre de
malades. Le Périgord était un pays très peuplé ; il est mort dans
les élections de Périgueux et de Sarlat plus de soixante mille personnes, y compris les petits enfants, depuis un an... »

Lettre de M. d'Ableiges, intendant en Auvergne, au Contrôleur général.

4, 5 et 25 novembre 1693. — « Je fais tout ce qui m'est possible
pour éviter de vous demander des blés, comprenant très bien la
peine qu'il y aura d'en obtenir. Je voudrais vous pouvoir éviter cet
embarras et je mets tout en œuvre pour cela. Le froment, dont le
setier pèse 200 livres, poids de marc, vaut 20 l. dans Clermont ; le
seigle est aussi cher dans les montagnes. Vous pouvez juger par
là de la rareté, car il y a quatre ou cinq ans qu'il ne valait qu'un
écu. Cette province est affligée depuis trois ans d'une grande disette de blés, et c'est la seule du royaume, avec le Limousin, qui
soit tombée dans ce malheur... »

Lettre de M. de Bernage, intendant à Limoges, au Contrôleur général.

25 février 1694. — « Il conteste l'exactitude des procès-verbaux
de la visite des blés.

« Les habitants seraient déjà morts de faim, s'ils n'avaient pas
plus recueilli de grain qu'ils n'en ont déclaré ; cependant ils vivent
encore, leurs marchés sont assez fournis, et le prix n'y est pas con-

sidérablement augmenté depuis le dernier décembre. Mais je vous prie de ne pas conclure tout à fait de cette preuve que la province soit assez abondante pour subsister sans secours jusqu'à la fin de l'année, car je ne vous envoye cet estat que pour vous faire voir combien il est difficile de parvenir à une connoissance bien sûre de la récolte d'une généralité, puisque tous les soins qu'on a apportés à celle-ci n'ont pu conduire à rien sur quoi on puisse compter. Il semble mesme qu'en cela les vues générales soient plus certaines que les particulières, et que le détail ne serve qu'à affoiblir le vray de l'opinion commune. »

Lettre de M. l'évêque de Montauban au Contrôleur général.

16 avril 1694. — «... Il s'est répandu un bruit, et on commence à en voir les effets, que le commissaire des vivres de Piémont a permission d'enlever quatre mille setiers de blé de cette province, ce qui en a augmenté le prix si excessivement, que les pauvres ne peuvent plus en acheter. Nous trouvons presque tous les jours à la porte de cette ville et sur nos remparts 7 ou 8 personnes mortes, et, dans mon diocèse, qui contient 750 paroisses, il meurt bien 400 personnes tous les jours, suivant le calcul que j'en ay fait à peu près, faute de nourriture. Je vous assure cependant que l'on fait beaucoup d'aumosnes et beaucoup de charités, et qu'en mon particulier, je nourris plus de 300 pauvres par jour, soit en cette ville, soit dans les terres de mon évesché. »

Lettre de M. de Nointel, intendant en Bretagne, au Contrôleur général.

2 mai 1694. — « La crainte de la disette commence à se manifester en divers endroits par des émotions populaires.

« L'abondance avait pourtant été exceptionnelle dans le pays, et, le 15 décembre 1693, le sieur des Grassères, receveur général du domaine, écrivait qu'on pourrait emporter au moins 1 800 tonneaux de froment, 3 200 de seigle et 2 600 d'avoine. »

Lettre de M. de Bérulle, intendant à Lyon, au Contrôleur général.

2 et 5 mai 1694. — « La disette s'étant déclarée subitement par tout le pays qui environne Lyon, les paysans affluent dans cette ville et en enlèvent clandestinement le blé ou le pain. D'autre part, l'augmentation des prix en Languedoc fait craindre que les peuples de ces pays et ceux de la Provence ne s'opposent à la sortie de leurs blés, ou que les marchands ne revendent sur place ce qu'ils avaient acheté. »

Lettre du sieur Daspe, maire de Toulouse, au Contrôleur général.

5 et 26 mai 1694. — « Il rend compte de plusieurs émeutes survenues à Toulouse, mais qu'il ne croit pas provoquées par la cherté du pain. Quelques autres troubles eurent lieu à Albi et à Gaillac, occasionnés par la cherté du blé (25 s. l. le setier). »

Lettre M. Larcher, intendant en Champagne, au Contrôleur général.

6 mai 1694. — « La province se trouve épuisée par les enlèvements de grains qui se sont faits pour Paris ou pour les armées, et les prix augmentent encore à chaque marché. A Vitry, le froment s'est vendu 40 l. le setier de 236 livres. »

Lettre de M. de Bouville, intendant à Orléans, au Contrôleur général.

11, 18 et 20 mai 1694. — « La misère de mon département augmente tous les jours, et principalement en plusieurs endroits qui sont réduits à manger du pain de racines, qu'ils font broyer après les avoir fait sécher dans le four à plusieurs reprises. »

1700. — Récolte mauvaise.

XVIIIᵉ SIÈCLE

1701-1702. Récolte mauvaise.

1709. — Gelée du 9 janvier au 28 ; seconde gelée en février. Un avis du Conseil du roi, d'après une estimation précipitée, défend de faire de nouvelles semailles. Pas de blé, hausse énorme du prix du blé. Émeutes en Brie, etc.

CORRESPONDANCE DES CONTROLEURS GÉNÉRAUX DES FINANCES AVEC LES INTENDANTS DE PROVINCE RELATIVEMENT A LA DISETTE DE 1709 (extrait du 3ᵉ volume de la *Correspondance des intendants*, communiqué en épreuve par M. de Boislisle).

Lettre de M. Le Gendre, intendant à Montauban,
au Contrôleur général.

27 février 1709. — « ...Il est survenu une gelée qui a fait perdre toutes les espérances que l'on avait d'une belle récolte dans ce département. Cette gelée a été si forte, que, trouvant encore les terres pleines d'eau du premier dégel, elle a fait mourir la moitié du blé qui était semé dans les bonnes terres, en sorte que l'on est obligé de labourer présentement et de ressemer de menus grains.

Cela a fait considérablement renchérir le blé, et il ne faut pas douter que cette année ne soit dure à passer pour le peuple. Il y a déjà plusieurs communautés où les habitants se sont attroupés pour empêcher la sortie des blés... »

Lettre de M. Ravat, prévôt des marchands de Lyon,
au Contrôleur général.

Mars et avril 1709. — « Des empêchements ont été mis, en Provence et en Languedoc, le long du cours du Rhône, au transport des blés achetés pour le compte de la ville de Lyon, certaines barques, parvenues au port de Tain, ont été arrêtées par ordre du commandant du pays de Vivarais, et leur contenu distribué aux habitants de Tournon ; cet exemple a été imité à Valence, en suite d'une délibération régulière du consulat. »

Sur la Saône, l'opposition des habitants et la conduite des consuls sont les mêmes (9 avril). — « M. l'évêque de Mâcon me fait l'honneur de m'écrire le 7, qu'il a fait ce qu'il a pu jusques à présent pour nous faire donner la liberté de passage, mais qu'il craint à l'avenir de n'être pas le maître, et qu'il ne pourra pas prévenir les désordres qui ne manqueront pas d'arriver par les violences des gens que la faim presse, à moins que nous ne remettions à Mâcon le dixième des blés qui descendront pour Lyon, comme si Mâcon n'était pas dans un port plus près de la Bourgogne que nous, et qu'il fût en droit de nous faire composer et nous ôter la subsistance que vous nous avez accordée. C'est un désordre si grand dans tous les endroits le long de la Saône. que l'on ne peut plus aller en sûreté : les paysans s'attroupent, ils enlèvent tout ce qu'ils peuvent, et rien ne les contient... »

Lettre de Desmarets à l'intendant.

1er avril 1709. — « La consternation que la rigueur et la longue durée de l'hyver avoient jettée dans la pluspart des esprits n'a pas peu contribué aux bruits qui se sont répandus en certaines provinces, que les grains y avoient beaucoup soufert et qu'il y en avoit une grande quantité de perdus... ont peut-être donné lieu à des désordres qui sont arrivez, quoique de peu de durée. »

Lettre de Desmarets.

5 avril 1709. — « Le blé est si cher et la disette si grande en Dauphiné qu'il ne faut pas penser à empescher totalement le transport des blés de la Haute-Provence vers Gap. »

Lettre de M. de Bernières, intendant en Flandre,
au Contrôleur général.

Avril 1709. — « ... Il n'y a pas, dans tout le pays, de quoi faire vivre les peuples jusques à la récolte prochaine, qui ne donne aucune espérance... La ville de Douai, qui est la mieux fournie, n'a que pour faire vivre ses bourgeois et habitants de sa dépendance pendant dix-neuf semaines, à raison d'une livre et demie de pain par tête pour chacur jour... »

Lettre de M. d'Angervilliers, intendant en Dauphiné,
au Contrôleur général.

16 avril 1709. — « ... Tous MM. les intendants des provinces voisines, à qui j'ai écrit, paraissent peu disposés à nous aider. La compagnie des vivres a absolument abandonné le service. Toutes sortes d'autres entreprises, comme d'étapes et d'hôpitaux, sont de même tombées. Je n'ai pas un sol pour faire payer le prêt aux troupes; les peuples sont presque à la famine. Je vous répète encore qu'avant trois semaines, il arrivera une catastrophe funeste sur cette frontière... »

Lettre de M. Foucault de Magny, intendant à Caen,
au Contrôleur général.

Avril et mai 1709. — « Les religieux bénédictins de cette ville, que j'avais avertis de porter du blé au marché, n'y en ayant fait porter qu'un sac par manière d'acquit, j'en envoyai sur-le-champ prendre dans leur abbaye douze sacs, que je fis vendre à moitié de diminution du prix du marché, pour les punir du mauvais exemple qu'ils donnaient et de leur désobéissance. Je me suis encore servi, pour faire diminuer le prix du grain dans quelques marchés, d'un moyen que j'ai ouï dire que feu M. Colbert pratiquait : j'ai obligé quelques personnes sûres et affidées d'exposer en vente dans les marchés plusieurs boisseaux de blé à quelque chose de moins que le prix courant; ce qui m'a si bien réussi, que j'ai fait baisser le prix du blé dans le dernier marché, tant dans cette ville qu'aux environs... »

« ... Je me crois aussi obligé de vous donner avis que la plupart des officiers des bailliages ont mal pris et mal entendu la déclaration du 27 avril dernier, qui borne simplement leurs fonctions, par rapport aux blés, à recevoir les déclarations des grains des particuliers. Ils se sont persuadé que cette déclaration leur attri-

buait la police générale des blés : en sorte qu'ils donnent des
ordonnances à tort et à travers, et renversent ce que nos subdélégués font par nos ordres et suivant les instructions que nous
leur donnons. Le mauvais effet que ce contre-balancement d'autorité fait, s'il est permis de parler ainsi, a été très sensible, car
le b.é a augmenté généralement partout en même temps, et pour
ainsi dire en un instant... »

Ce qui est en deçà de la rivière, j'oblige de le porter au marché
de Caen avant de pouvoir aller à ceux d'Argences et de Trouard,
et je me sers pour cela de la situation de la rivière qui en fait la
séparation : je fais garder les bacs et passages qui sont sur cette
rivière, afin de mettre les habitants qui sont en deçà dans la
nécessité de passer par Caen... »

Lettre de M. de Bâville, intendant en Languedoc,
au Contrôleur général.

23 avril 1709. — « La difficulté pour le transport des blés augmente tous les jours par la terreur panique des peuples, qui
n'ont, en beaucoup d'endroits, que le mal qu'il se causent euxmêmes en empêchant le commerce et la circulation des blés. Ce
qu'il y a de singulier est que les personnes principales de cette
province, à commencer par MM. les évêques, s'abandonnent à
cette peur. Chacun se cantonne dans son diocèse et fait ce qu'il
peut pour que rien n'en sorte... »

Le 18, M. l'évêque de Carcassonne écrivait : « ...Nous avons travaillé aux rôles de la capitation ; ils ne sont remplis que de mendiants déclarés et affirmés tels par des suffrages unanimes. Il
n'est pas malaisé de le croire : on a déjà essuyé trois ou quatre
années sans récolte ; la cherté excessive du blé fait qu'il n'est plus
à la portée du menu peuple... Le dernier hiver renouvelé trois
fois dans la même année a achevé de ruiner toutes les communautés ; les semences sont entièrement pourries dans la terre ; j'en
ai fait faire l'expérience en plusieurs endroits, je l'ai fait moimême en d'autres : elle ne justifie que trop qu'il n'y a plus d'espérance sur la récolte, et que des hivers aussi rudes que le dernier ne contribuent pas à l'abondance... Il est certain que
généralement, dans toutes les communautés, bourgs et villages,
il ne parait non plus de récolte que dans une chambre... »

« La perte des bestiaux qu'on appelle ici *cabaux*, et par conséquent de la richesse du pays, est une autre suite des malheurs du
dernier hiver ; on demande aujourd'hui 10 francs d'un mouton,

comme on en demandait 4 il y a six mois. Les champs et
les chemins sont semés de carcasses des bêtes mortes. Les troupeaux avaient déjà diminué de près des deux tiers : l'autre
devient sujet à des maladies si nouvelles et si pressantes, que je
distribue tous les jours des permissions de faire des prières pu-
bliques sur les animaux, sur leurs pâturages et sur les écuries et
étables qui les contiennent... »

Lettre de M. Daguesseau père, conseiller au Conseil royal,
au Contrôleur général.

24 avril 1709. — « ...Rien n'est si terrible, ni si dangereux, que de
laisser le blé au prix excessif où il est et de souffrir que le commerce s'en fasse avec autant de désordre et de confusion qu'il se
fait. Les magistrats des villes ne veulent pas en laisser sortir du
blé pour la campagne, et la campagne ne veut pas en laisser sortir des villages pour le transporter dans les villes. Ceux qui sont
possesseurs des blés et autres grains n'en sont pas les maîtres ;
les peuples attroupés en disposent comme ils veulent et les enlèvent de force dans les greniers des villes et de la campagne et sur
les grands chemins, même, en quelques endroits, ceux qui ont été
achetés pour le roi : de sorte que tout le monde est dans un état
très incertain et très violent. »

Lettre de M. Lebret fils, intendant en Provence,
au Contrôleur général.

1er et 6 mai 1709. — « ...L'état où nous sommes est bien différent
de celui où on était en 1693 et 1694 ; la disette n'était ni si grande
ni si générale, nous étions les maîtres de la mer, et nous avions
du crédit chez les Turcs et les Barbares. Je doute qu'avec toute
l'attention et la sagesse possibles, on évite un bouleversement
général ; cette province en est à la veille, et il n'y a qu'un miracle
qui puisse nous en garantir... »

Lettre de M. Daguesseau fils, procureur général au Parlement de Paris,
au Contrôleur général. (Intendance de Champagne.)

2 mai 1709. — « ...Nous nous sentons obligés indispensablement
par le devoir de nos charges de vous informer de la famine qui
est dans Reims et dans tous les villages circonvoisins. En conséquence de l'ordre de M. de Harouys, notre intendant, on a mis le
taux aux grains, visité toutes les maisons et fait le dépouillement

de toutes sortes de grains qui y sont renfermés. On a trouvé plus
de trente mille personnes, dont les trois quarts sont dans une
misère affeuse, et vingt-deux mille setiers de tous grains. Aussitôt
les laboureurs ont cessé d'amener leurs grains en cette ville. Au
précédent marché, il n'y avait que huit setiers de grains, et, au
dernier, il n'y en avait point du tout; c'est ce qui a été cause que
nous avons été obligés de lever le taux. Outre le peuple de Reims,
il y avait, de la campagne, quatre mille personnes, qui deman-
daient des grains avec rumeur et fureur ; mais les laboureurs ne
viennent plus, appréhendant d'être pillés sur les chemins. Les
bourgeois sont tellement alarmés, qu'il y est arrivé une émotion
populaire le jeudi 18 du présent mois : on a escaladé les murailles
chez les Dominicains et les Cordeliers ; on y a pillé tout le grain
qu'on y avait mis de la part de l'hôtel de ville ; il y a eu une fille
étouffée et deux autres personnes blessées à mort... »

« Les pauvres qui sont au pain du bureau de la miséricorde, au
nombre de plus de douze mille, meurent sur le pavé. On leur
donne du pain d'avoine; encore ne pourra-t-on plus leur en
donner sans un prompt secours. On en fait de même pour les
paysans et les gens de la campagne, et Reims en est rempli tous
les jours. Les juridictions sont cessées, les maisons désolées; les
boutiques des marchands et artisans sont fermées, crainte d'in-
sulte, et les boulangers ne font plus de pain, faute de grains ; et
on ne voit plus dans les rues que les personne qui composent la
Chambre générale de la police, les pauvres et les paysans... »

Lettre de M. l'évêque de Troyes au Contrôleur général.

6 mai 1709.— « ...Parmi les curés, ceux qui ont été assez heureux
pour avoir du blé donnent beaucoup; ils y sont même forcés, et
plusieurs ont, jusqu'à présent, fait subsister leurs paroissiens;
d'autres ont été volés et pillés, et sont fort à plaindre, n'y ayant
plus aucune sûreté à la campagne. La plupart, ou n'ayant que
portion congrue, ou ayant été obligés de vendre le peu de blé
qu'ils avaient pour payer leurs taxes, qui sont très fortes, manquent
eux-mêmes de tout, et me demandent tous les jours de quoi les
faire subsister. Les plus gros laboureurs vivent tous d'avoine. Les
propriétaires n'ont presque rien reçu l'année dernière qui a été
stérile; ils sont sans aucune espérance pour la présente, et ne
savent comment ils pourront semer pour la prochaine : sans quoi
tous les fermiers quittent et refusent de labourer... »

Lettre de M. Lebret fils, intendant en Provence,
au Contrôleur général.

12 avril 1709. — Il rend compte que l'on estime que les particuliers de Marseille devaient avoir dans leurs greniers douze ou treize mille charges de blé, il ajoute : « J'ai dit aux échevins qu'il fallait entièrement négliger les riches, qui ne mourront de faim que par leur faute, et qui ne feront point de désordre quand ils viendront à manquer de pain, mais qu'il fallait s'attacher à en fournir aux pauvres dont l'émotion serait à craindre ; que, pour cela, je ne voyais point de meilleur expédient que celui de faire du pain semblable au pain de munition, et de n'en point faire d'autre... »

Lettre de M. Quarré, procureur général de Dijon,
au Contrôleur général.

1er juin 1709. — « ... Les syndics de Bresse se sont adressés au Parlement pour avoir un règlement qui diminue la prestation des cens ou *servis* en froment et en seigle qui sont dus par les particuliers. Ils voudraient qu'à l'égard des cens échus à la Saint-Michel du mois de septembre dernier, les débiteurs puissent les payer aujourd'hui en argent, conformément au taux des grains dans ce temps-là. Plusieurs curés ont aussi présenté une requête pour avoir la permission de prendre la dîme sur les menus grains. Ils conviennent de n'en avoir pas le droit ; mais la perte entière des froments et seigles paraît exiger qu'on supplée par une autre voie à leur entretien et à leur subsistance. Cependant cette demande réveille déjà tous les gros décimateurs qui ont des ressources que les curés ne peuvent trouver dans leur patrimoine, ni dans les revenus trop modiques de leur bénéfice ; et si la prétention devenait générale, elle serait fort à charge aux gens de la campagne... »

M. Quarré annonce, le 17 août, que la requête des curés de Bresse a excité une réprobation générale, et que tout le Parlement a été d'avis de la rejeter : On a appréhendé de décourager les laboureurs, si l'on chargeait d'un droit nouveau des grains qu'ils ont semés avec tant de dépense, et on a estimé que les villageois auraient encore plus de peine à payer la taille et les autres charges ordinaires, que les ecclésiastiques n'en auront à payer les décimes... »

Lettre du Contrôleur général aux Intendants.

28 juillet 1709. — « ... Il y a longtemps qu'un très grand nombre de personnes, de toute condition et de toutes les provinces du royaume, demande avec empressement, par des mémoires et par des lettres, la fixation du prix des grains, comme l'unique moyen d'assurer les semences prochaines et la subsistance des peuples jusqu'à la récolte de 1710, en un mot comme le salut de l'État. Le Roi ne s'est point déterminé jusqu'à présent, d'autant plus que plusieurs personnes des plus sensées du royaume, les premiers magistrats et les plus expérimentés, ont toujours considéré cette fixation comme une chose impossible dans l'exécution et sujette à de très grands inconvénients : c'est vouloir forcer les hommes à agir contre leur intérêt, qui trouvera cent sortes de moyens pour l'éluder; on l'a vu par la fixation du prix de l'orge faite par un arrêt du Parlement de Paris, au mois d'avril dernier, laquelle a fait disparaître cette espèce de grains, en sorte qu'on n'en a vendu depuis qu'en cachette, dans des bois et lieux écartés, et que le prix, qui était déjà excessif, a plus que doublé. En effet, la fixation est inutile, si l'on ne peut obliger tous ceux qui ont des blés à les vendre, et, par conséquent, si l'on n'a une connaissance presque certaine de tout ce qu'il peut y en avoir, mais, quelque précaution que l'on prenne et quelque exactitude qu'on ait, cette connaissance est toujours très imparfaite... »

Lettre du Contrôleur général à M. Le Gendre, intendant à Montauban.

21 août 1709. — « J'ai reçu la lettre que vous avez pris la peine de m'écrire du 14, par laquelle vous proposiez de défendre la sortie des grains de chaque province et généralité, si ce n'est en vertu de permissions signées des intendants, conformément à l'arrêt du Conseil du 2 avril dernier. Rien ne serait plus contraire aux intentions du Roi qu'une pareille défense. S. M. a fait rendre l'arrêt du 2 avril dans un temps auquel la consternation générale causée par la perte des blés semés l'automne dernier le rendait nécessaire; mais, à présent que le commerce se rétablit de jour en jour, et qu'une heureuse récolte en orges et autres menus grains, et même en blés dans quelques provinces, fait espérer que le reste de la présente année et la prochaine jusqu'à la récolte se passeront plus tranquillement et avec moins d'inquiétudes que les premiers mois de celle-ci, surtout depuis qu'on s'est aperçu du mal causé par le froid excessif de l'hiver dernier, le Roi ne

juge ni nécessaire, ni utile de continuer ces précautions. Au contraire, S. M. désire que la liberté du commerce des blés entre
les villes et provinces de son royaume soit telle qu'elle était en
1707 et pendant la plus grande abondance... »

Lettre de M. d'Argenson, lieutenant général de police à Paris, au Contrôleur général.

7 septembre 1709. — « Les marchés d'aujourd'hui ont été plus
tristes que tumultueux ; il n'y a paru aucun mouvement qui tendît
à sédition, mais une tristesse véritable, plus accompagnée de
larmes que de cris. J'ai l'honneur de vous envoyer un mémoire
exact du prix du pain, qui est beaucoup augmenté ; mais ce qu'il
y a de plus terrible et de plus fâcheux, c'est que le blé est encore
enchéri à la Halle de 3 livres par setier : en sorte qu'il en a été
vendu jusqu'à 66 livres. Il ne nous reste qu'une seule ressource,
c'est d'obliger tous les boulangers à mettre au moins moitié d'orge
dans tout leur pain ; mais il faut encore attendre un mois, et je ne
sais si le Parlement approuvera ce remède, ou si, après l'avoir
approuvé, il nous permettra d'en maintenir l'usage avec toute la
fermeté nécessaire. J'ai fait arrêter huit ou dix paysans qui
avaient acheté de l'orge dans les fermes, et il en murmure déjà... »

Lettre de M. Robert, procureur du Roi au Châtelet, au Contrôleur général.

7 septembre. — « ... Vous jugez bien que cette augmentation de
prix, qui met bien des pauvres gens hors d'état d'avoir la quantité de pain suffisante pour leur famille, excite beaucoup de
plaintes et de murmures. L'on entend dans les marchés des cris
de femmes qui disent qu'autant vaut qu'elles égorgent leurs enfants que de les voir mourir de faim. Jusqu'à présent, l'on en de-
meure à des plaintes ; mais il est à craindre que le désespoir de
la faim ne porte le peuple à quelques fâcheuses extrémités... »

Lettre du Contrôleur général aux Intendants.

21 octobre 1709. — Entre plusieurs avis donnés à l'occasion de
la disette dont nous sommes affligés, on a proposé d'empêcher la
consommation de certaine espèce de grains appelée blé de mars ;
ce sont des froments qu'on ne sème qu'au printemps, comme
les orges, les avoines et autres menus grains. Vous jugez facilement que la vue de ceux qui font la proposition est de conserver

par ce moyen l'espèce du froment, si, par malheur, il arrive que les blés semés cet automne périssent en terre par la rigueur du froid, comme il est arrivé l'hiver dernier. Avant de rien déterminer sur la proposition, le Roi a voulu savoir si c'est un objet assez considérable pour mériter un règlement : cette espèce de grains est peu connue et peu commune du côté de Paris ; examinez, s'il vous plaît, si elle l'est davantage dans votre département et s'il serait à propos que le Roi... défendît de moudre et consommer ces sortes de grains avant le mois d'avril prochain. »

M. de Bernage, intendant à Amiens, répond, le 23 octobre : «... Cette espèce de grains est peu commune en Picardie, et est assez commune en Artois, aux environs de Béthune, Aire et Saint-Omer ; mais je crois que le meilleur moyen de la conserver est de laisser agir en cela ceux qui en ont, qui sont intéressés à la garder ; et je suis toujours persuadé que, tel règlement qu'on puisse faire pour les grains, il ne pourra jamais avoir un aussi bon effet que la liberté... »

M. de la Briffe, intendant à Caen, écrit le 25 : «... Il y avait autrefois dans cette généralité une espèce de blé que l'on semait au mois de mars ; mais, les laboureurs ayant connu que les terres n'y étaient pas propres, ils ont discontinué depuis plusieurs années, et on n'en sème plus. »

Lettre de M. l'archevêque de Narbonne, président des États du Languedoc, au Contrôleur général.

6 décembre 1709. — «... Le peu de grain qu'on avait recueilli a été consommé pour la nourriture, pour le paiement de la taille ou pour la semence ; et dans la disette et la cherté des grains, il n'y a aucun évêque dans son diocèse, ni seigneur de paroisse, ni maire et consul dans sa communauté, qui sachent par quels moyens ils pourront assister les pauvres. Cette pauvreté ne regarde pas seulement quelques particuliers : ce sont les communautés entières qui manqueront de pain cet hiver et jusqu'à la récolte prochaine. Dans les villes où il y a des gens riches qui ont des rentes sur les communautés ou sur les particuliers, personne ne jouit de son revenu ; les compagnies de justice, les communautés, ni les diocèses ne payent pas les intérêts de leurs dettes, et les ouvriers et artisans ne sont pas payés. Le travail des manufactures est interrompu par la cessation du commerce, et ce grand nombre d'ouvriers qu'elles entretenaient ne trouvent pas à gagner leur vie... »

*Lettre de M. Bernières, intendant en Flandre,
au Contrôleur général.*

22 février 1710. — « ... Je puis vous assurer qu'il n'est pas seulement resté une paille dans aucun village; que non seulement la récolte y a manqué, mais encore que les maïs qui étaient sur terre et les fourrages ont été entièrement enlevés jusques à paille, ou, pour mieux dire, jusques aux chaumes qui couvraient les maisons, dont quantité ont été renversées et démolies, les bestiaux pris et les chevaux presque tous péris par les corvées continuelles depuis dix-huit mois et le défaut de nourriture. Enfin, pour comble de malheur, les maladies sont venues, et la mortalité a été tout l'hiver, et est encore à un point qu'il est mort plus d'un tiers des habitants. Un grand nombre, chassé par la famine, est aussi allé demeurer ailleurs, de manière que jamais pays n'a été réduit à un état si pitoyable et si malheureux... »

1723. — La récolte fut mauvaise. Le vin et le blé s'élevèrent en Brie à un prix considérable; le haut prix persista en 1724.

1725. — Les grandes pluies qui tombèrent en Brie en 1725 et qui ne cessèrent que le 5 septembre, jour du sacre du roi Louis XV, amenèrent une grande disette. Le pain valut 5 sous la livre et le setier de Meaux monta jusqu'à 45 francs; à Coulommiers, il fut encore plus cher.

1726. — Année pluvieuse, pain mauvais, misère.

1731-1738-1739. — Années mauvaises. En 1739, d'Argenson raconte dans ses mémoires comment le duc d'Orléans déposa un jour sur la table du roi un pain sans farine et dit : « Sire, voilà de quel pain se nourrissent aujourd'hui vos sujets... Dans mon canton de Touraine, ajouta-t-il, il y a déjà plus d'un an que les hommes mangent de l'herbe. » (*La population française*, par E. Levasseur, t. I, p. 214.)

1740-1741. — Hiver long et rigoureux : la moisson fit défaut. Famine dont le souvenir s'est perpétué chez les paysans de la Brie. On dut distribuer du riz non seulement aux pauvres, mais à une grande partie des habitants.

1748. — Grand déficit dans la récolte au nord et au centre de la France. En 1749, un vieux curé de Touraine disait à d'Argenson qu'il n'avait jamais vu une misère aussi grande, même en 1709.

1752-1753. — Mauvaise récolte.

1759. — Le prix moyen en France (*Archives statistiques du Mi-*

nistère des Travaux publics, 1837), qui équivalait à 9 fr. 58 l'hectolitre en 1756, monta à 11 fr. 79 en 1759. Il s'éleva même
de 9 fr. 24 (1756) à 14 fr. 66 dans la généralité de Montauban,
et il fut très cher dans presque tout le Midi, pendant qu'il était
à peu près stationnaire dans le centre et dans le nord et qu'il
baissait même dans quelques généralités (généralité d'Orléans,
11 fr. 55 en 1756 et 9 fr. 56 en 1759) (1).

1766-1773. — Suite d'années de cherté. En 1763, l'hectolitre valait 9 fr. 53. Il s'éleva progressivement d'année en année jusqu'à 18 fr. 85, moyenne de l'année 1770 et il ne redescendit qu'au
bout de trois ans, en 1774, à 14 fr. 60. C'est pendant cette période que se placent surtout les opérations faites par le gouvernement en vue de l'approvisionnement qui donnèrent lieu à certaines malversations et surtout aux exagérations de l'opinion
populaire sur le Pacte de famine. Dès 1767, on se plaignait
beaucoup à Rennes de la cherté.

1774-1775. — La récolte de 1774 fut mauvaise dans certaines
provinces du centre et du nord, très mauvaise en Brie, en
Bretagne (14 fr. 98 en 1774 et 20 fr. 18 en 1775), en Normandie,
en Champagne, assez bonne dans le midi. Le prix moyen ne
s'éleva cependant pas beaucoup : 14 fr. 60 en 1774 et 16 fr. 93
en 1775. Mais à Paris la hausse fut de 14 fr. 25 à 17 fr. 68.
C'est dans les environs de Paris que se produisirent des émeutes
qui donnèrent lieu, sous le ministère de Turgot, à la « guerre
des farines ». Les paysans s'attroupèrent, pillèrent les fermes
et contraignirent les fermiers à céder leur blé à très bas prix.
A Meaux, 400 villageois entrèrent dans la ville et mirent à sac
le marché et même des maisons bourgeoises.

1788-1790. — Très mauvaise récolte et hiver rigoureux. En
1788-1789, le prix moyen du froment, qui était de 14 fr. 12 en
1786 et de 16 fr. 12 en 1788, s'éleva à 21 fr. 90 en 1789 (même à
24 fr. 38 en Provence) d'après le tableau inséré dans les *Archives
statistiques* (1837); il resta encore élevé en 1790 (19 fr. 48).

« Plus on approchait du 14 juillet (1789), plus la disette augmentait : chaque boutique de boulanger était environnée d'une
foule à qui on distribuait le pain avec la plus grande parcimo-
nie, et la distribution était toujours accompagnée de crainte sur
l'approvisionnement du lendemain. Les craintes redoublaient
par les plaintes de ceux qui, ayant passé une journée entière à

(1) Depuis l'année 1756, l'étude des disettes peut être faite avec plus
de précision à l'aide des statistiques officielles.

la porte d'un boulanger, n'avaient cependant rien pu obtenir. Souvent la place était ensanglantée ; on s'arrachait l'aliment, on se battait ; les ateliers étaient déserts ; les ouvriers, les artisans, perdaient leur temps à discuter, à conquérir une légère portion de nourriture, et par cette perte de temps se mettaient dans l'impossibilité de payer celle du lendemain. (*L'Ami du Roi*, 3e cahier, p. 30. — *Hist. parl.*, t. II, p. 40.)

1793. — « Le prix du pain paraît s'être élevé (prix moyen pour la France entière) à 31 fr. 05. Toutefois cette disette ne semble pas avoir été générale en France et surtout dans les campagnes. Elle a été probablement produite ou aggravée par la loi du maximum, par les réquisitions et par les mesures prises pour l'approvisionnement des villes et contre la liberté du commerce. Le décret du 8-10 décembre 1792 défendit, sous peine de confiscation et de mort, l'exportation des grains et des farines, mais maintint la libre circulation à l'intérieur. La loi du maximum (1er nov. 1793) supprima cette liberté que d'ailleurs les arrêtés des municipalités avaient rendue vaine. A Paris, les habitants étaient rationnés ; chaque citoyen, sur un bon que délivrait la commune, avait droit à deux onces de pain et à une mesure de riz par jour. Mais chacun était tenu d'aller chercher lui-même sa portion. On faisait queue à la porte du boulanger... » (*Hist. des classes ouvrières en France depuis* 1789, par E. Levasseur, t. I, p. 190.)

1800. — Le prix du blé (prix moyen pour la France entière, d'après les *Archives statistiques*) avait été en 1799 de 16 fr. 20. Il monta à 20 fr. 34 en 1800.

XIXᵉ SIÈCLE

1801-1803. — Le prix du blé (prix moyen pour la France entière d'après les *Archives statistiques*) s'éleva à 22 fr. 40 en 1801, à 24 fr. 32 en 1802, à 24 fr. 55 en 1803, pour redescendre en 1804 à 19 fr. 19. Il s'éleva même en 1803 (moyenne annuelle) à 43 fr. 83 dans les Hautes-Alpes. Le Premier consul rétablit à Paris la corporation des boulangers, taxa le prix du pain ; beaucoup de municipalités en firent autant.

1811-1812-1813. — Le prix du blé (prix moyen pour la France entière, d'après les *Archives statistiques*), qui était descendu à 14 fr. 85 en 1809 (bien au-dessous de la moyenne générale de la période), monta à 26 fr. 13 en 1811 et à 34 fr. 34 en 1812 (d'après les *Archives statistiques*, 1837, p. 14, et 33 francs d'après les *Ta-*

bleaux des prix moyens, p. 27); il descendit à 22 fr. 51 en 1813. En 1812, le prix moyen mensuel s'éleva même à 55 fr. 73 (moyenne du mois d'avril) dans le département du Gard. D'après M. V. Modeste, le prix se serait même élevé à 70 fr. en Brie. L'empereur, reprenant les traditions de l'ancien régime sur le commerce des grains, ordonna qu'il ne « serait pas fait d'achats de grains ou farines dans un département pour un autre sans en avoir fait une déclaration au préfet ».

Par décret du 8 mai 1812, le maximum du prix du blé fut fixé dans certains départements à 33 francs. Plusieurs préfets prirent des arrêtés du même genre, de sorte que les mercuriales ne donnent pas une idée exacte du véritable prix, les mercuriales ne pouvant enregistrer des prix supérieurs au maximum fixé. Le décret du 10 avril constitua des cours spéciales extra-ordinaires pour les crimes et délits (menaces d'assassinat, pillages et incendies, etc.) relatifs à la cherté des grains.

1816-1817-1818. — L'invasion de la France et l'occupation de son territoire par les armées ennemies, d'une part, et d'autre part, des pluies qui gâtèrent la récolte de 1816, produisirent une disette. Le prix moyen de l'hectolitre de froment était de 22 fr. 24 en janvier 1816; monta de mois en mois et au moment où se faisait la récolte, en juillet, il était à 30 fr. 62. Il continua à s'élever jusqu'à la récolte suivante, si bien qu'en juin 1817, il valait en moyenne 45 fr. 46; ce même mois, le prix était de 81 francs dans le département du Haut-Rhin, un des plus maltraités par la guerre et les intempéries, et de 31 francs dans le Gers où l'influence des pluies surabondantes s'était moins fait sentir : la différence entre les deux extrêmes est de 50 francs, soit 161 pour 100.

Le prix moyen de l'année 1817 pour la France entière fut de 36 fr. 16. Après la récolte de 1817, le prix, tout en restant élevé, baissa de mois en mois jusqu'à 22 fr. 68 en mai 1818; puis il remonta encore un peu et ce ne fut que l'approche de la bonne récolte de 1819 qui le fit descendre au-dessous de 20 francs (19 fr. 88. en avril 1819).

Dans ce temps-là, la récolte moyenne en froment paraît avoir été d'une cinquantaine de millions d'hectolitres. L'administration de l'Agriculture possède l'état des récoltes depuis l'année 1815 (moins les années 1819 et 1870); mais on ne peut avoir qu'une confiance très limitée dans les chiffres qu'elle a publiés pour les trois premières années, parce qu'elle était à peine réor-

ganisée, qu'elle n'était pas familiarisée avec ce genre de statistique et que la présence des armées ennemies rendait l'opération difficile. Ainsi la statistique officielle donne-t-elle 39 millions
d'hectolitres pour la récolte de 1815, quantité très faible, et
cependant le prix n'a pas beaucoup monté, puisqu'il était de
29 fr. 01 en juin 1814, avant la récolte et qu'il a été, après la récolte, de 21 fr. 03 en août, et qu'il n'atteignait pas encore
25 francs en avril 1816 ; cette statistique donne 43 millions d'hectolitres pour la récolte de 1816, nombre qui semble supérieur à
la réalité ; 48 millions pour celle de 1817 et 52 pour celle de 1818.

« D'un bout à l'autre de la France, dit M. V. Modeste, la
plupart des marchés de grains ne se tiennent qu'en présence de
la force armée. La liste des localités profondément troublées est
immense. C'est, entre autres, Douai, Châlons, Pithiviers, Châtil-
lon-sur-Seine, Trévoux, Auxerre, Roquefort, Thiers, les départements entiers de l'Aube, de l'Aisne, du Loiret, de Maine-et-
Loire et de l'Aude. C'est Bernay, Bourg ; c'est le Mans, Souillac,
Arques et Blanzy où la garde nationale et la troupe ont peine à
empêcher le pillage ; Reims, où la garde nationale parcourt les
campagnes en colonnes mobiles ; Vierzon, Champtocé où l'on
pille des bateaux de grains ; Gien où l'émeute veut taxer les
grains et les farines ; Montargis où des bandes de mille personnes s'organisent et attaquent la troupe ; Château-Thierry où
deux hommes sont tués sur la place dans une scène de pillage,
sous le feu des troupes mandées de Soissons ; c'est Sézanne, Sens,
Bar-sur-Aube, Montereau, Nogent, Arcis, Provins, Coulommiers,
Clougy, Essonnes, Villiers-Saint-Georges ; c'est le département
entier de Seine-et-Marne, où l'autorité publique est obligée de
faire afficher la loi du 10 vendémiaire qui rend les communes
responsables des désordres qu'elles n'ont pas empêchés ; c'est
Meaux, où, les jours de marché, un régiment de cuirassiers sta-
tionne, le sabre nu, sur les places, s'opposant avec effort au pillage, et dont les campagnes, effrayées par des vols et des at-
taques nocturnes, sont obligées de s'organiser en armes pour
battre le pays de commune à commune. C'est Lyon enfin et
ses environs, jusqu'à l'Isère, Brignais, Saint-Genis-Laval, Bully,
Arbresle, Tarare, Amplepuis, Savigny, Millery, Savel, où les
troubles prennent un caractère de gravité extrême, où des bandes en armes couvrent le pays et font tête à la gendarmerie,
et où des colonnes mobiles sont obligées de tenir la campagne
comme en pays ennemi. »

De nombreuses condamnations à mort ou aux travaux forcés furent prononcées. Les ordonnances des 7 août, 22 novembre, 9 décembre et 1er février 1817 suspendirent les droits sur les céréales et offrirent des primes à leur importation. De grands achats de grains pour une valeur d'environ 85 millions furent faits dans les pays étrangers. Près de 26 millions de francs provenant de la bienfaisance privée furent dépensés pour soulager la misère. »

1828-1829-1830. — La récolte du froment avait atteint 61.8 et 61 millions d'hectolitres en 1824 et 1825 et, malgré le régime de l'échelle mobile, le blé était à bas prix (16 fr. 22 et 15 fr. 74). La récolte de 1827, sans être mauvaise, ne fut que de 56.8 millions et celle de 1828 de 58.8. Cependant les prix montèrent : ils atteignirent leur maximum en mai (moyenne du mois : 24 fr. 68) ; la moyenne de l'année fut de 22 fr. 59. Ce fut une cherté plutôt qu'une disette ; elle persista plusieurs années et elle atteignit son maximum en juin 1832 (26 fr. 19). Dans les trois années 1828, 1829, 1830, l'excédent de l'importation sur l'exportation des grains et farines représente une quantité de 4,400,000 hectolitres de froment. Après la très bonne récolte de 1832 (80 millions d'hectolitres) le prix retomba au-dessous de 20 francs.

1846-1847. — L'extension et le progrès de la culture du blé avaient porté la récolte moyenne, dans la seconde moitié du règne de Louis-Philippe, à 75 millions d'hectolitres environ. La récolte de 1846 ne rendit que 60.7 millions. C'était un déficit d'un cinquième et une disette pour une population qui s'était habituée à une consommation plus forte qu'au commencement de la Restauration. Malgré l'importation, considérable pour le temps (l'excédent de l'importation des grains et farines sur l'exportation pendant les deux années 1846 et 1847 s'éleva à 13,600,000 hectolitres), le prix s'éleva beaucoup. De 22 fr. 92 où il était au mois de juillet 1846, il monta dès le mois d'août, après la moisson, à 24 francs et continua à s'élever jusqu'en mai 1847 où le prix moyen fut de 37 fr. 98. Le prix moyen de l'année 1847, a été de 29 fr. 01. La région du sud fut relativement la moins maltraitée ; celle du nord-est fut la plus éprouvée ; le prix moyen du mois de mars a été de 48 fr. 80 dans le Bas-Rhin et celui d'avril de 48 fr. 21 dans la Meurthe.

1847. — « Les mercuriales, dit M. V. Modeste, donnent cette fois, sous un régime de publicité administrative, une idée exacte des prix. En réalité ces prix ne se sont pas élevés aussi haut qu'en

1812 et 1817. Des troubles ont lieu à Rennes, au Havre, à Rouen, à Bayonne, à Laval, à Dunkerque, à la Rochelle, à Blois, à Breteuil-sur-Iton, à Levroux, à Buzançais où il y a eu mort d'homme. Cependant ces émotions populaires sont beaucoup moins graves que pendant les disettes précédentes et la liberté du commerce n'en souffre pas. La loi du 28 janvier 1847 lève les droits de douanes sur l'importation des grains et farines, etc. Des facilités sont données à la navigation. »

De juillet 1846 à août 1847 il a été importé 14 949 000 hectolitres.

1853-1857. — La culture avait continué à progresser et la récolte de 1847 à 1852 avait varié entre 97.6 millions (très bonne récolte de 1847) et 36 millions d'hectolitres. Celle de 1853 tomba à 63.7 millions d'hectolitres. La récolte de 1854 fut bonne (97.2 millions) ; mais celle de 1855 fut encore médiocre (73 millions) et ce n'est qu'à partir de 1856 que l'agriculture revit une suite d'années abondantes. La récolte de 1853 laissait un déficit d'un quart environ et celle de 1855 un déficit d'un septième relativement à l'approvisionnement ordinaire. Le gouvernement suspendit provisoirement le régime de l'échelle mobile ; aussi l'excédent de l'importation sur l'exportation du froment (grains et farines) monta-t-il à 24.7 millions d'hectolitres pendant la période de 1853-1857. Cette importation, qui représentait plus du quart d'une récolte, tempéra le mouvement de hausse et préserva la population française des conséquences d'une famine. Cependant, le prix moyen de l'année 1856 fut de 30 fr. 75 et le prix moyen du mois de juillet avant la récolte de 1856 fut de 33 fr. 93. Il atteignit son plus haut prix moyen mensuel (39 fr. 30) au mois d'août, dans le département de Lot-et-Garonne.

En 1812, le prix avait presque triplé dans la Brie (24 à 25 francs l'hectolitre prix normal, 70 francs prix maximum de 1812); mais ce prix de 70 francs n'est pas la moyenne générale de la France. En 1817, le prix avait augmenté dans la proportion de 1 à 2 1/2. En 1847, le prix s'éleva (moyenne générale de la France) à 29 fr. 36, le prix normal des années précédentes ayant été 19 fr. 75. En 1853-1857, le prix (moyenne générale de la France) ne dépasse pas 28 fr. 64. En 1817, la différence entre le prix moyen départemental le plus haut et le plus bas avait été de 48 fr. 03; en 1853-1857 elle a été de 17 fr. 52 seulement.

Décrets rendus relativement au commerce des céréales :

20 juillet 1853, suppression temporaire des restrictions à l'entrée des blés anglais ; 3 août 1853, suppression des surtaxes sur les navires étrangers chargés de grains et farines ; 18 août 1853, suppression des droits de tonnage pour tous navires chargés de grains et admission des blés étrangers et farines au minimum des droits d'entrée ; 5 septembre 1853, suppression des droits de navigation sur les rivières et canaux pour tous les bateaux chargés de grains ; 29 novembre 1854, interdiction de l'exportation des grains et farines hors de France ; 14 février 1855, admission en franchise des farines d'Algérie en France, etc.

Les importations ont été en 1853-1854 de 9 702 000 hectolitres, en 1854-1855 de 3 410 000 hectolitres, en 1855-1856 de 7 100 000 hectolitres, en 1856-1857 de 9 900 000 hectolitres.

La disette de 1853-1857 s'est étendue non seulement sur la France, mais sur une grande partie de l'Europe.

1866-1867. — Les récoltes de 1866 (85.1 millions d'hectolitres) et de 1867 (83 millions) furent très médiocres, laissant un déficit de près d'un sixième relativement à la récolte moyenne qui était alors de près de 100 millions d'hectolitres. Le prix monta de 19 fr. 61 en 1866 à 26 fr. 19 en 1867 et à 26 fr. 64 en 1868.

1871-1873. — La récolte de 1871, après le rude hiver de 1870 et à la suite de la guerre, fut très mauvaise : 69.2 millions d'hectolitres. Si celle de 1872 fut très bonne, et même la meilleure qu'on eût eue jusque-là (120 millions), celle de 1873 fut médiocre (82 millions). L'ensemble de ces trois années laissa un déficit que l'importation combla en grande partie (l'excédent des importations sur les exportations pour 1871, 1872 et 1873 a été de 20 millions d'hectolitres). Le prix moyen annuel, qui était de 20 fr. 48 en 1870, fut de 26 fr. 65 en 1871, de 22 fr. 90 en 1872 et de 25 fr. 70 en 1873.

1878. — La récolte moyenne de la période 1872-1881 a été de 100 millions d'hectolitres. La récolte de 1878 n'en avait donné que 95.3 ; celle de 1879 n'en donna que 79.3 : déficit de plus d'un cinquième. En outre, la qualité du blé fut mauvaise, à cause des pluies. Quoique les années suivantes aient donné 99.5, 96.8 et 122.1 (la meilleure récolte que la statistique ait jamais enregistrée), le commerce trouva profit à importer des quantités de blé considérables : 10 millions d'hectolitres en 1878, 29.1 en 1879, 26.3 en 1880, 16.9 en 1881, 17 en 1882, soit un total de 107.3 millions en cinq ans. Les prix s'élevèrent très pèu : 20 fr. 64 en 1876, 23 fr. 42 en 1877, 23 fr. 08 en 1878, 21 fr. 92 en 1879, 22 fr. 90 en 1880, 22 fr. 28 en 1881. Les cultivateurs se plaignirent de n'avoir pas eu le bénéfice du renchérissement en compensation de la diminution de la quantité ; mais la population française n'eut pas à souffrir cette fois du haut prix du pain.

IV

QUELQUES CONCLUSIONS A PROPOS DES PRIX DU BLÉ

De l'an 1200 à l'an 1891.

De la figure statistique qui contient les courbes et des renseignements ci-dessus on peut tirer un certain nombre de conclusions :

1° Nous savons que *le prix du blé n'est pas la mesure exacte de la valeur commerciale de l'argent.*

S'il l'était, il y aurait des années de cherté accidentelle, mais il n'y aurait pas de périodes où l'on puisse dire que le blé ait été cher et d'autres où il ait été à bon marché ; les changements autres que ceux qui ont pour cause une disette ou une récolte surabondante dans le prix du blé accuseraient seulement un changement dans le pouvoir de la monnaie.

2° *Le prix du blé varie, d'une année à l'autre,* suivant l'abondance ou la rareté de la récolte, et *les variations sont parfois considérables. Ces variations sont moindres aujourd'hui qu'autrefois.*

Ainsi, l'hectolitre valait 3 fr. 12 en 1357 et 44 fr. 09 en 1358, ayant ainsi augmenté de 1,310 p. 100 : c'est la plus forte différence connue ; il est vrai qu'alors sévissaient la guerre civile et la guerre étrangère. Il s'est produit une augmentation de 725 p. 100 (1424-1428) (1). On en trouve qui sont de 266 p. 100 (1581-1587); de 340 p. 100 (1595-1600); de 517 p. 100 (1688-1694); de 389 p. 100 (1707-1709). Au XIXᵉ siècle, les différences sont bien moindres, la disette de 1817 a produit seulement une différence de 138 p. 100 entre

(1) En 1196, l'augmentation a été de 995 p. 100 ; en 1420, elle a été aussi de 995 p. 100. (Voir la liste des disettes.)

les années 1809 et 1816, et celle de 1856 une différence de
117 p. 100 entre les années 1850 et 1856. Depuis la suppression de l'échelle mobile, la liberté de l'importation (même
avec le droit de 5 francs par quintal) et la facilité des communications ont réduit encore cette différence, laquelle n'a
été que de 59 p. 100 entre l'année 1868 et l'année 1885.

3° *Le prix du blé varie la même année d'une région à une
autre. Ces variations étaient beaucoup plus fortes autrefois
qu'aujourd'hui.*

Ainsi d'une part le rapport, d'après le vicomte d'Avenel,
entre le minimum et le maximum des moyennes provinciales par quart de siècle est de 1 à 11 pour 1301-1325 et de
1 à 1 1/2 pour la période 1776-1790 ; d'autre part, le rapport
entre le minimum et le maximum du prix annuel par département a été de 1 à 2,4 en 1797 et de 1 à 1,2 en 1890.
C'est qu'autrefois les obstacles à la libre circulation de province à province ou de ville à ville étaient beaucoup plus
grands qu'aujourd'hui, que les voies de communication
étaient beaucoup plus imparfaites et que le prix des transports était plus élevé.

4° La moyenne des prix de l'hectolitre par période de
vingt-cinq ans n'a pas dépassé 9 francs de l'an 1200 à l'an
1550 ; elle n'est jamais descendue au-dessous de 12 francs
depuis 1550, époque à laquelle les métaux précieux de
l'Amérique ont commencé à affluer en France. Il est donc
évident que, quoique le blé ne soit pas la mesure de la valeur de l'argent, *le pouvoir commercial de l'argent exerce une
influence prépondérante sur le prix du blé.*

C'est ainsi que de 1451 à 1525, période pendant laquelle
l'argent a eu un haut prix, parce que les mines d'Europe
fournissaient peu de métaux précieux et que le commerce
prenait de plus larges développements, le prix moyen de
l'hectolitre ne s'est pas élevé au-dessus de 4 francs ; qu'au
contraire, pendant la période où l'affluence de ces métaux
a rompu l'ancien équilibre entre l'offre et la demande, le
prix moyen des soixante-quinze années de 1576 à 1650 a été
de 17 fr. 75. L'influence des métaux précieux n'a jamais été
plus marquée qu'entre ces deux périodes. Elle paraît s'être

produite encore, mais d'une manière moins sensible, dans la seconde moitié du xviiie siècle. Elle s'est manifestée très faiblement de 1851 à 1870, c'est-à-dire pendant la période de la plus grande affluence de l'or, parce que la diminution de la valeur de la monnaie s'est trouvée alors compensée en grande partie par les progrès de la culture et du commerce des céréales. Ainsi le prix moyen, qui était de 19 fr. 39 pour la période 1831-1850, ne s'est élevé qu'à 22 fr. 04 pour la période 1851-1870.

Il est possible que la diminution générale des prix depuis 1870 ait exercé une légère influence sur les bas prix de la période 1880-1886.

5° Malgré les variations annuelles et les changements lents qui se sont produits dans le temps, la *valeur moyenne du blé a relativement peu changé.*

Au moyen âge, la quantité du blé vendu était très minime relativement à la quantité produite, parce que la plus grande partie des habitants vivaient de leur propre récolte ou de redevances en nature : d'où il advenait probablement que le prix du marché, faute de demande, était en temps ordinaire déprécié, et, en cas de famine, exagéré faute d'offre. L'économie sociale n'étant pas la même autrefois qu'aujourd'hui où la plus grande partie de la récolte entre dans le commerce, les prix ne peuvent être comparés qu'avec beaucoup de réserve.

Néanmoins, depuis le commencement des temps modernes, il n'y a pas beaucoup de marchandises dont on puisse dire qu'elles s'achètent aujourd'hui à peu près avec le même poids d'argent fin que dans le dernier quart du xvie siècle. Depuis l'an 1226, les plus grandes variations des moyennes (valeur intrinsèque) de quart de siècle ont été dans le rapport de 1 à 5. Mais, si au lieu de considérer la valeur intrinsèque, c'est-à-dire le poids d'argent, on compare les prix d'après le pouvoir commercial de l'argent, cette différence de 1 à 5 s'atténue beaucoup, et disparaît presque ; car ce pouvoir était au xiiie siècle quatre fois plus fort qu'il ne l'est aujourd'hui : il est vrai, d'autre part, qu'à la fin du xvie siècle, le pouvoir commercial de l'argent étant donné égal à 2 1/2, le blé coûtait en réalité au moins le double de ce qu'il coûte aujourd'hui.

6° Donc *le prix réel du blé (calculé d'après la valeur commerciale et non d'après la valeur intrinsèque de la monnaie) a diminué depuis le commencement des temps modernes jusqu'à nos jours et particulièrement depuis le commencement du XIX° siècle.* C'est là un fait digne de remarque et qui mériterait une étude spéciale.

Cette diminution ne provient d'ailleurs pas d'un délaissement du produit par la consommation. Car, si la production a à peu près doublé depuis que la statistique en enregistre le montant, c'est-à-dire depuis le commencement de la Restauration, la consommation l'absorbe si complètement que cette production ne suffit pas et que tous les ans, depuis plus de vingt ans, l'importation doit y ajouter plusieurs millions d'hectolitres. On peut induire de ce fait que *la diminution de prix doit avoir pour cause principale la diminution des frais de production*, résultant des progrès de la culture : ce qui est à l'honneur des agriculteurs.

7° *La législation peut exercer une influence sur le prix du blé.*

Les seigneurs au moyen âge et les intendants du roi au XVII° et au XVIII° siècle, en prenant des mesures qui entravaient la circulation, affamaient une province pour préserver une autre de la cherté ; la sollicitude bienveillante, en gênant la liberté, tournait plus d'une fois contre le but qu'elle cherchait à atteindre.

Les restrictions apportées au libre commerce semblent avoir été une des causes du bas prix du blé sous le gouvernement de Louis XIV et dans la première partie du règne de Louis XV. La liberté du commerce à l'intérieur et même, pendant un temps, celle du commerce extérieur semblent au contraire avoir contribué au relèvement des prix. Mais l'échelle mobile ne paraît pas avoir amené et soutenu les hauts prix qu'on en attendait. En effet, sous ce régime, la moyenne des prix de 1821 à 1856 a été de 19 fr. 59 ; dans la période précédente de 1801 à 1820, elle avait été de 22 fr. 33 et dans la période suivante, de 1856 à 1875, sous le régime du simple droit de statistique, elle a été de 22 fr. 07 ; c'est que des causes plus puissantes agissaient dans un sens différent. Cependant le droit de 5 francs depuis 1887 a certainement contribué à l'élévation des prix.

8° Le peuplement et le défrichement d'immenses contrées hors d'Europe, la navigation à vapeur, les chemins de fer, le télégraphe qui facilite les opérations commerciales, la liberté du commerce des céréales pour l'entrée desquelles les importateurs n'ont eu à payer, de 1860 à 1885, qu'un simple droit de statistique, semblent avoir résolu le *problème de l'approvisionnement* qui était si difficile dans les siècles passés et qui a été jusqu'au XIXᵉ siècle l'occasion de mesures bizarres ou vexatoires. *Il n'y a plus de véritables famines en France; il n'y a que des renchérissements.*

Mais un autre problème a surgi de ce nouvel état des choses. La valeur du blé, une des marchandises, comme nous l'avons dit, dont le prix réel a le moins varié à travers les siècles, a baissé depuis 1871 dans une forte proportion ; il ne paraît pas vraisemblable qu'elle se relève d'une manière constante au niveau où elle se trouvait encore dans la période de 1850-1875, à moins que la valeur de la monnaie ne s'abaisse. Des cultivateurs sont aujourd'hui dans la gêne; le fermage de terres de labour, qui avait beaucoup augmenté depuis quarante ans, a diminué dans beaucoup d'endroits et même sur quelques points le salaire du journalier; la rente du propriétaire est atteinte en France, comme en Angleterre et ailleurs, voire même dans plusieurs États de la grande république américaine.

Comment l'avenir résoudra-t-il ce problème? Par une réduction définitive de la rente foncière? Par un développement de la machinerie agricole qui, en économisant la main-d'œuvre, contribuerait à accélérer la dépopulation des campagnes? Par une production plus intense du blé qui, excédant peut-être alors les besoins, deviendrait une nouvelle cause de baisse du prix? Par une culture générale plus intensive, mais variée qui, fournissant, avec le concours du capital et de la science, plus de produit brut et plus de produit net et tirant plus de revenu de la terre, pourrait donner satisfaction à la fois au travailleur salarié, au fermier et au propriétaire ? « Si ce dernier progrès n'est pas une chimère, c'est vers lui qu'il faut tendre les espérances et les efforts, quelque difficile que paraisse à certains agriculteurs l'heure présente.

Durum ; sed levius fit patientia
Quidquid corrigere est nefas.

TABLE DES MATIÈRES

Paris. — Typ. Chamerot et Renouard. 19, rue des Saints-Pères. — 29615.

www.ingramcontent.com/pod-product-compliance
Lightning Source LLC
Chambersburg PA
CBHW071908200326
41519CB00016B/4527